福音伝道の喜び

みことばから学ぶキリスト者の使命

朴 永基
Park Youngee

いのちのことば社

まえがき
  ── 教会のリバイバルを切に求めて ──

　死人の中からよみがえった主イエス・キリストは、ご自分を救い主として信じている弟子たちに、「全世界に出て行き、すべての造られた者に福音を宣べ伝えなさい」（マルコの福音書16:15）と命じました。この主の命令は、すべての時代のすべての教会に与えられている尊い使命（mission）です。使命とは、いつでも、どんな状況に置かれても、生きている限り、使命を与えてくださった方のために果たさなければならない尊い愛であり、存在理由であり、義務であり、生き方でもあります。

　使徒の働きに記録されている初代教会は、迫害と患難があっても、避難生活の中でも、聖霊の力によって福音をエルサレムからローマまで宣べ伝える使命を忠実に果たしました。教会と聖霊の時代に生きている今日の教会にも、同じ福音をローマから地の果てまで宣べ伝えるという、主から頂いた同じ使命があります。この使命は、主イエス・キリストの命令に忠実に従った初代教会が今日の教会に残してくれた素晴らしい信仰の遺産です。

　今日のすべての教会に何よりも必要なのは、主イエス・キリストから頂いた福音伝道の使命を回復して、その使命を忠実に果たすことです。今日の教会がこの使命を回復して、続けて福音を宣べ伝える限り、教会は続けて存続することができるでしょう。しかし福音を宣べ伝える使命を失い、その使命を果たさなければ、教会の未来はありません。

　教会が続けてこの使命を果たすためには、聖徒たちが伝道訓練を受け、持続的に伝道を実践しなければなりません。聖徒は訓練と実践によって伝道者に変わっていきます。厳しい訓練が強い兵士を作るように、厳しい訓練が有能な伝道者を作ります。有能な伝道者は突然生まれるものではありません。

　牧会者が聖徒一人一人を訓練することによって、聖徒たちは徐々に有能な伝道者に変わっていきます。牧会者は聖徒一人一人が伝道者になるように彼らを訓練するトレーナーです。キリストが弟子たちを三年間訓練して、彼らを福音

伝道のためにこの世に遣わしたように、今日の教会も聖徒一人一人を訓練して、福音を宣べ伝えるために彼らをこの世に遣わす必要があります。

　この本は、新札幌聖書教会ともみじ台オアシス教会で、聖徒たちの伝道訓練と実践のために準備した教材です。特に、訓練を受けた聖徒たちがどんな状況に置かれても、自分の生活と人格、生き方と言葉を用いて福音を宣べ伝えることができるように、福音伝道のために知るべき基本的な内容をまとめたものです。何よりも神のみことばである聖書が教えている福音伝道について分かりやすく書いた本です。

　この本の特徴は、聖書のみことばをたくさん引用していることです。伝道者一人一人がここに引用されたみことばを深く吟味して、このみことばを通して伝道の相手と姿勢、伝道の方法と内容、伝道の目的と理由、伝道の報いとパターン等を自ら悟り、伝道する喜びと、自分が伝道し救われる人々が起こされる喜びを味わうことができるように切に祈ります。

　多くの教会が抱えている高齢化問題、少子化問題、次世代問題、献身者が少ないという問題、無牧の問題、信仰継承の問題等を乗り越えるために何よりも必要なことは福音伝道です。この本が、日本の教会のリバイバルと福音伝道のために尊く用いられることを心から願っています。

2024年11月5日

朴　永基

目　次

第1課　福音伝道と教会形成

序　　論 ……………………………………………………………12
1. 福音とは ………………………………………………………12
2. 福音伝道の四つのプロセス …………………………………14
3. 福音（キリスト）を信じる人々に与えられる祝福 ………17
4. 教会形成 ………………………………………………………19
結　　論 ……………………………………………………………19

第2課　キリストが来られた目的と伝道の時と動機

序　　論 ……………………………………………………………22
1. キリストがこの世に来られた目的 …………………………22
2. 時期と時を生かす伝道 ………………………………………24
3. 伝道の動機 ……………………………………………………26
結　　論 ……………………………………………………………27

第3課　キリスト者が召された目的

序　　論 ……………………………………………………………30
1. キリスト者 ……………………………………………………30
2. 主の命令と福音伝道 …………………………………………31

3. 福音が私の福音になること……………………………………33
4. キリスト者が召された目的……………………………………34
結　論……………………………………………………………36

第4課　伝道する理由と伝道者の心構え

序　論……………………………………………………………38
1. 伝道する理由……………………………………………………38
2. 伝道の重荷を乗り越える生き方………………………………40
3. キリスト者が伝道しない八つの普遍的な理由………………41
4. 伝道者の心構え…………………………………………………42
結　論……………………………………………………………44

第5課　初代教会から学ぶ福音伝道

序　論……………………………………………………………48
1. 教会の基本的な使命……………………………………………48
2. 初代エルサレムの教会と福音伝道……………………………50
3. 初代教会の数的成長（使徒の働き）…………………………52
4. 諦めないで福音を宣べ伝えた初代教会………………………53
5. 初代アンティオキアの教会と福音伝道………………………54
6. 伝道する教会に与えられる霊的な祝福………………………55
結　論……………………………………………………………56

第6課　伝道者の姿勢と伝道者が受ける報い

序　論 …………………………………………………………… 58
1. 伝道者の姿勢 ………………………………………………… 58
2. 伝道者の嘆息と感謝 ………………………………………… 62
3. 伝道者が受ける報い ………………………………………… 64
結　論 …………………………………………………………… 66

第7課　社会生活と福音伝道

序　論 …………………………………………………………… 70
1. 社会（この世）に対するキリスト者の姿勢 ……………… 70
2. 社会（この世）とこの時代の意味 ………………………… 73
3. 職場と仲間に対するキリスト者の姿勢 …………………… 76
4. 社会に良い影響力を与えるキリスト者 …………………… 78
結　論 …………………………………………………………… 79

第8課　生活伝道

序　論 …………………………………………………………… 82
1. 良い関係、信頼関係を持つ生き方 ………………………… 82
2. 生活伝道のために伝道者が持つべき習慣 ………………… 83
3. 生活伝道と身体の関係 ……………………………………… 85
4. 生活伝道のための準備 ……………………………………… 88

結　論 ………………………………………………………………… 89

第9課　福音伝道の内容

序　論 ………………………………………………………………… 92
1. 神の愛 ── 祝福の対象であり最高の被造物である人間 ……… 92
2. 神に対する人間の罪 ── 神からの分離 ……………………… 93
3. 神が備えた救いの道 ── キリスト ……………………………… 94
4. 救いの条件 ── 行いではなく信仰 ……………………………… 96
5. 信仰成長のための基本的な生き方 ……………………………… 98
結　論 ………………………………………………………………… 100

第10課　祈りと福音伝道

序　論 ………………………………………………………………… 102
1. 福音伝道と祈り …………………………………………………… 102
2. 祈りの方法 ………………………………………………………… 104
3. 伝道する対象の確認と祈り ……………………………………… 105
4. 福音を宣べ伝える人の望み ……………………………………… 106
結　論 ………………………………………………………………… 109

第11課　家族伝道と信仰継承

序　論 ………………………………………………………………… 112

1. いちばん大切な家庭 ··· 112
2. 家族伝道 ·· 113
3. 信仰継承 ·· 116
4. 家庭礼拝 ·· 119
結　　論 ·· 122

第12課　個人伝道と救いの証し

序　　論 ·· 124
1. キリスト者一人一人の使命である福音伝道 ·· 124
2. 個人伝道 ·· 126
3. 救いの証し ·· 132
4. 救いの証しの四つのポイント ·· 136
結　　論 ·· 137

第13課　伝道訓練と伝道実践

序　　論 ·· 140
1. 伝道訓練 ·· 140
2. 伝道のパターン（Pattern） ··· 143
3. 伝道実践 ·· 152
結　　論 ·· 154

あとがき ·· 157

装丁　前野 愛

第1課　福音伝道と教会形成

序　論

　教会は、三位一体の神を信じる信仰の共同体であり、福音を宣べ伝えるという使命の共同体です。福音を宣べ伝えることは教会の本質であり、使命です。今まで教会は、福音を宣べ伝えることによって地上に存在しています。教会は、福音を宣べ伝える限り、これからも続けて存在できるでしょう。私たちは教会のリバイバルのために福音を宣べ伝えるのではありません。福音に生きる真の教会になるためです。福音を宣べ伝えなければ教会の未来はないからです。聖霊に満たされていた初代エルサレム教会は、苦しい環境の中でも絶えず福音を宣べ伝える模範を示してくれました。今日の教会も教会の未来のために、初代教会のように福音伝道の重要性を深く認識し、この働きに献身する必要があります。この認識と献身があれば教会形成の祝福も、神が教会と共におられることを体験する霊的喜びも味わうようになります。福音伝道は教会の本質です。

1. 福音とは

　福音とは、主イエス・キリストです。広い意味ではキリストの教えであり、働きであり、キリストに関するものであり、神のみことばです。福音であるイエス・キリストは神の国から遣わされたので、福音を神の福音、御国の福音、イエス・キリストの福音、平和の福音、神の恵みの福音、キリストの栄光に関わる福音、救いの福音、神の栄光の福音、永遠の福音と呼ぶことができます。

> 「――この福音は、神がご自分の預言者たちを通して、聖書にあらかじめ約束されたもので、御子に関するものです。御子は、肉によればダビデの子孫から生まれ、聖なる霊によれば、死者の中からの復活により、力ある神の子として公に示された方、私たちの主イエス・キリストです」
> 　　　　　　　　　　　　　　　　（ローマ人への手紙1:2-4、福音）
> 「ヨハネが捕らえられた後、イエスはガリラヤに行き、神の福音を宣べ伝えて言われた」
> 　　　　　　　　　　　　　　　　（マルコの福音書1:14、神の福音）

第1課　福音伝道と教会形成

「異邦人のためにキリスト・イエスに仕える者となったからです。私は神の福音をもって、祭司の務めを果たしています。それは異邦人が、聖霊によって聖なるものとされた、神に喜ばれるささげ物となるためです」
　　　　　　　　　　　　　　　　　　　（ローマ人への手紙15:16、神の福音）

「イエスはガリラヤ全域を巡って会堂で教え、御国の福音を宣べ伝え、民の中のあらゆる病、あらゆるわずらいを癒やされた」
　　　　　　　　　　　　　　　　　　　（マタイの福音書4:23、御国の福音）

「御国のこの福音は全世界に宣べ伝えられて、すべての民族に証しされ、それから終わりが来ます」　　　（マタイの福音書24:14、御国のこの福音）

「しかしイエスは、彼らにこう言われた。『ほかの町々にも、神の国の福音を宣べ伝えなければなりません。わたしは、そのために遣わされたのですから』」　　　　　　　　　　　　　　（ルカの福音書4:43、神の国の福音）

「神の子、イエス・キリストの福音のはじめ」
　　　　　　　　　　　　　（マルコの福音書1:1、神の子、イエス・キリストの福音）

「また、しるしと不思議を行う力と、神の御霊の力によって、それらを成し遂げてくださいました。こうして、私はエルサレムから始めて、イルリコに至るまでを巡り、キリストの福音をくまなく伝えました」
　　　　　　　　　　　　　　　　　　（ローマ人への手紙15:19、キリストの福音）

「神は、イスラエルの子らにみことばを送り、イエス・キリストによって平和の福音を宣べ伝えられました。このイエス・キリストはすべての人の主です」　　　　　　　　　　　　　　　（使徒の働き10:36、平和の福音）

「けれども、私が自分の走るべき道のりを走り尽くし、主イエスから受けた、神の恵みの福音を証しする任務を全うできるなら、自分のいのちは少しも惜しいとは思いません」　　　（使徒の働き20:24、神の恵みの福音）

「彼らの場合は、この世の神が、信じない者たちの思いを暗くし、神のかたちであるキリストの栄光に関わる福音の光を、輝かせないようにしているのです」　　　　　（コリント人への手紙第二4:4、キリストの栄光に関わる福音）

「このキリストにあって、あなたがたもまた、真理のことば、あなたがたの救いの福音を聞いてそれを信じたことにより、約束の聖霊によって証印を押されました」　　　　　　　　　　　　　（エペソ人への手紙1:13、救いの福音）

「祝福に満ちた神の、栄光の福音によれば、そうなのであって、私はその福音を委ねられたのです」　　　　　（テモテへの手紙第一1:11、神の栄光の福音）

「また私は、もう一人の御使いが中天を飛ぶのを見た。彼は地に住む人々、すなわち、あらゆる国民、部族、言語、民族に宣べ伝えるために、永遠の福音を携えていた」　　　　　　　　　（ヨハネの黙示録14:6、永遠の福音）

「みことばを宣べ伝えなさい。時が良くても悪くてもしっかりやりなさい。忍耐の限りを尽くし、絶えず教えながら、責め、戒め、また勧めなさい」
　　　　　　　　　　　　　　　　　　（テモテへの手紙第二4:2、みことば）

2. 福音伝道の四つのプロセス

　福音を宣べ伝える福音伝道は、イエス・キリストの命令であり、キリスト者の最高の職務でもあります。キリスト者は、「全世界に出て行き、すべての造られた者に福音を宣べ伝えなさい」（マルコの福音書16:15）という主の命令を受けています。この命令に従って福音を宣べ伝え、それを教え、人々を主の弟子とすることはキリスト者の大切な使命です。イエス・キリストがこの世に遣わされた目的も福音伝道であり、弟子たちを呼び寄せた目的も福音伝道です。この地上にキリストの教会が存在している目的もキリストの福音を宣べ伝えることです。

「ですから、あなたがたは行って、あらゆる国の人々を弟子としなさい。父、子、聖霊の名において彼らにバプテスマを授け、わたしがあなたがたに命じておいた、すべてのことを守るように教えなさい。見よ。わたしは世の終わりまで、いつもあなたがたとともにいます」
　　　　　　　　　　　　　　　　　　　　　（マタイの福音書28:19-20）

「イエスは彼らに言われた。『さあ、近くにある別の町や村へ行こう。わたしはそこでも福音を伝えよう。そのために、わたしは出て来たのだから』」　　　　　　　　　　　　　　　　　　　　　　（マルコの福音書1:38）

「さて、イエスが山に登り、ご自分が望む者たちを呼び寄せられると、彼らはみもとに来た。イエスは十二人を任命し、彼らを使徒と呼ばれた。そ

れは、彼らをご自分のそばに置くため、また彼らを遣わして宣教をさせ……」
(マルコの福音書3:13-14)

　福音伝道とは、キリスト者がキリストの命令に従い、聖霊の力によって、未信者に福音であるキリストを宣べ伝え、彼らが救われ、教会に導かれ、彼らの信仰が成長できるように支え、永遠の王としてイエス・キリストに仕えるようにすることです。

　「神の知恵により、この世は自分の知恵によって神を知ることがありませんでした。それゆえ神は、宣教のことばの愚かさを通して、信じる者を救うことにされたのです」
(コリント人への手紙第一1:21)
　「『主の御名を呼び求める者はみな救われる』のです。しかし、信じたことのない方を、どのようにして呼び求めるのでしょうか。聞いたことのない方を、どのようにして信じるのでしょうか。宣べ伝える人がいなければ、どのようにして聞くのでしょうか。遣わされることがなければ、どのようにして宣べ伝えるのでしょうか。『なんと美しいことか、良い知らせを伝える人たちの足は』と書いてあるようにです。しかし、すべての人が福音に従ったのではありません。『主よ。私たちが聞いたことを、だれが信じたか』とイザヤは言っています。ですから、信仰は聞くことから始まります。聞くことは、キリストについてのことばを通して実現するのです」
(ローマ人への手紙10:13-17)

1) 福音を人々に宣べ伝えること

　「ヨハネが捕らえられた後、イエスはガリラヤに行き、神の福音を宣べ伝えて言われた。『時が満ち、神の国が近づいた。悔い改めて福音を信じなさい』」
(マルコの福音書1:14-15)
　「そのころバプテスマのヨハネが現れ、ユダヤの荒野で教えを宣べ伝えて、『悔い改めなさい。天の御国が近づいたから』と言った」
(マタイの福音書3:1-2)

王が法令を伝令者を通して国民に宣べ伝えることと同じです。砂漠で湧き水を発見したら他の人々にもその内容を伝えることと同じです。このように伝道は福音を宣べ伝えること、宣言することです。

2) 福音を受け入れた人々に神とみことばを教えること

「イエスはガリラヤ全域を巡って会堂で教え、御国の福音を宣べ伝え、民の中のあらゆる病、あらゆるわずらいを癒やされた」（マタイの福音書4:23）

「それからイエスは、すべての町や村を巡って、会堂で教え、御国の福音を宣べ伝え、あらゆる病気、あらゆるわずらいを癒やされた」
（マタイの福音書9:35）

「みことばを宣べ伝えなさい。時が良くても悪くてもしっかりやりなさい。忍耐の限りを尽くし、絶えず教えながら、責め、戒め、また勧めなさい」
（テモテへの手紙第二4:2）

3) 福音を受け入れた人々が教会として生きるように育てること

「そこで、わたしもあなたに言います。あなたはペテロです。わたしはこの岩の上に、わたしの教会を建てます。よみの門もそれに打ち勝つことはできません」 （マタイの福音書16:18）

「イエスは近づいて来て、彼らにこう言われた。『わたしには天においても地においても、すべての権威が与えられています。ですから、あなたがたは行って、あらゆる国の人々を弟子としなさい。父、子、聖霊の名において彼らにバプテスマを授け、わたしがあなたがたに命じておいた、すべてのことを守るように教えなさい。見よ。わたしは世の終わりまで、いつもあなたがたとともにいます』」 （マタイの福音書28:18-20）

「それは、聖徒たちを整えて奉仕の働きをさせ、キリストのからだを建て上げるためです」 （エペソ人への手紙4:12）

「私たちはこのキリストを宣べ伝え、あらゆる知恵をもって、すべての人を諭し、すべての人を教えています。すべての人を、キリストにあって成熟した者として立たせるためです。このために、私は自分のうちに力強く働くキリストの力によって、労苦しながら奮闘しています」

(コロサイ人への手紙1:28-29)

4) 福音を受け入れた人々をキリストの弟子、証人として生きるように世に遣わすこと

「あなたがわたしを世に遣わされたように、わたしも彼らを世に遣わしました」 (ヨハネの福音書17:18)

「イエスは再び彼らに言われた。『平安があなたがたにあるように。父がわたしを遣わされたように、わたしもあなたがたを遣わします』」 (ヨハネの福音書20:21)

「しかし、聖霊があなたがたの上に臨むとき、あなたがたは力を受けます。そして、エルサレム、ユダヤとサマリアの全土、さらに地の果てまで、わたしの証人となります」 (使徒の働き1:8)

3. 福音（キリスト）を信じる人々に与えられる祝福

神のみことばである聖書は、福音である主イエス・キリストを受け入れ信じる人々に与えられる祝福について明確に教えています。

1) 永遠のいのちが与えられます

「神は、実に、そのひとり子をお与えになったほどに世を愛された。それは御子を信じる者が、一人として滅びることなく、永遠のいのちを持つためである」 (ヨハネの福音書3:16)

「御子を持つ者はいのちを持っており、神の御子を持たない者はいのちを持っていません」 (ヨハネの手紙第一5:12-13)

2) 神の子どもとされます

「しかし、この方を受け入れた人々、すなわち、その名を信じた人々には、神の子どもとなる特権をお与えになった」 (ヨハネの福音書1:12)

「あなたがたはみな、信仰により、キリスト・イエスにあって神の子どもです」 (ガラテヤ人への手紙3:26)

3) キリスト、聖霊が信じる人の中におられます

　「もはや私が生きているのではなく、キリストが私のうちに生きておられるのです。今私が肉において生きているいのちは、私を愛し、私のためにご自分を与えてくださった、神の御子に対する信仰によるのです」
（ガラテヤ人への手紙2:20）

　「そして、あなたがたが子であるので、神は『アバ、父よ』と叫ぶ御子の御霊を、私たちの心に遣わされました」　　　　（ガラテヤ人への手紙4:6）

4) 天国の国籍が与えられ、いつ死んでも天国に入ります

　「イエスは彼に言われた。『わたしが道であり、真理であり、いのちなのです。わたしを通してでなければ、だれも父のみもとに行くことはできません』」　　　　　　　　　　　　　　　　　（ヨハネの福音書14:6）

　「しかし、私たちの国籍は天にあります。そこから主イエス・キリストが救い主として来られるのを、私たちは待ち望んでいます」
（ピリピ人への手紙3:20）

5) 神に背いた罪が赦され、救われ、義と認められます

　「このキリストにあって、私たちはその血による贖い、背きの罪の赦しを受けています。これは神の豊かな恵みによることです」
（エペソ人への手紙1:7）

　「また、光の中にある、聖徒の相続分にあずかる資格をあなたがたに与えてくださった御父に、喜びをもって感謝をささげることができますように。御父は、私たちを暗闇の力から救い出して、愛する御子のご支配の中に移してくださいました。この御子にあって、私たちは、贖い、すなわち罪の赦しを得ているのです」　　　　　　　（コロサイ人への手紙1:12-14）

　「神は、罪を知らない方を私たちのために罪とされました。それは、私たちがこの方にあって神の義となるためです」　（コリント人への手紙第二5:21）

6) 神のさばきがありません

「まことに、まことに、あなたがたに言います。わたしのことばを聞いて、わたしを遣わされた方を信じる者は、永遠のいのちを持ち、さばきにあうことがなく、死からいのちに移っています」　　　　　（ヨハネの福音書5:24）
「こういうわけで、今や、キリスト・イエスにある者が罪に定められることは決してありません」　　　　　（ローマ人への手紙8:1）

4. 教会形成

　福音伝道と教会形成は深い関係があります。福音を宣べ伝える目的の一つは、教会を建て上げることであり、教会形成の目的の一つは、福音を宣べ伝えることだからです。教会形成とは、福音伝道によって建てられた教会が成長して、礼拝、福音伝道、教会教育、社会奉仕の使命を忠実に行う教会を建て上げるプロセスです。福音伝道の最後のゴールは、福音を宣べ伝える使命を果たす教会を形成することです。教会形成のプロセスをよく確認しながら福音を宣べ伝え、主の教会を築き上げることが大切です。基本的な教会形成のプロセス（四段階）は次のとおりです。

1) 福音を宣べ伝える段階 —— 福音の種を蒔く
2) 福音を受け入れ、信じる人々に洗礼を授け、教会を建て上げる段階 —— 信仰告白に導く
3) 信徒教育と訓練を通して信徒を育てる段階 —— 主の弟子を育てる
4) 聖徒たちを福音伝道のために世に遣わす段階 —— 使命を果たす

結　論

　教会は福音を宣べ伝える使命があります。この使命を果たすためには信徒一人一人の献身と覚悟が必要です。福音に対する信徒一人一人の献身と覚悟があれば今日の教会も、初代教会のように聖霊の力を頂き、生活の中で福音を宣べ

伝え、福音を証しする教会になるでしょう。私たちは、死んでいく教会になるか、福音に生きている教会になるのかを教会の歴史を通して悟ることができます。教会が持続的に福音を宣べ伝える理由は、これが教会の本質であり、いのちであり、使命であるからです。多くの人々が、不安と恐れの中で救いの福音を待っているからです。

「イエスは彼らに言われた。『さあ、近くにある別の町や村へ行こう。わたしはそこでも福音を伝えよう。そのために、わたしは出て来たのだから』」 （マルコの福音書1:38）

「私は福音のためにあらゆることをしています。私も福音の恵みをともに受ける者となるためです」 （コリント人への手紙第一9:23）

第2課　キリストが来られた目的と伝道の時と動機

序　論

　キリストは、ご自身が神の国からこの世に遣わされた目的を明確に知っておられました。すなわち、ご自分がこの世に来た目的とご自分のアイデンティティ（identity）をしっかり持って生活なさいました。キリストは人々に「父がわたしに与えてくださる者はみな、わたしのもとに来ます。そして、わたしのもとに来る者を、わたしは決して外に追い出したりはしません。わたしが天から下って来たのは、自分の思いを行うためではなく、わたしを遣わされた方のみこころを行うためです。わたしを遣わされた方のみこころは、わたしに与えてくださったすべての者を、わたしが一人も失うことなく、終わりの日によみがえらせることです。わたしの父のみこころは、子を見て信じる者がみな永遠のいのちを持ち、わたしがその人を終わりの日によみがえらせることなのです」（ヨハネの福音書6:37-40）と語られました。私たちはキリストの教えとみことばを通して、キリストがこの世に来られた目的と、キリストが示してくださった時期と時を生かす伝道と、伝道の動機について正しく理解することができます。

1. キリストがこの世に来られた目的

　私たちは聖書を通してキリストがこの世に来られた目的を正しく知ることができます。その目的を知れば知るほど人々に福音を宣べ伝えるようになります。

1) 罪人を招き、やすらぎを与えるため

　　「『わたしが喜びとするのは真実の愛。いけにえではない』とはどういう意味か、行って学びなさい。わたしが来たのは、正しい人を招くためではなく、罪人を招くためです」　　　　　　　　　　（マタイの福音書9:13）
　　「すべて疲れた人、重荷を負っている人はわたしのもとに来なさい。わたしがあなたがたを休ませてあげます。わたしは心が柔和でへりくだっているから、あなたがたもわたしのくびきを負って、わたしから学びなさい。

そうすれば、たましいに安らぎを得ます。わたしのくびきは負いやすく、わたしの荷は軽いからです」
(マタイの福音書11:28-30)

2) 贖いの対価として自分のいのちを与えるため

「人の子も、仕えられるためではなく仕えるために、また多くの人のための贖いの代価として、自分のいのちを与えるために来たのです」
(マルコの福音書10:45)

「わたしは良い牧者です。良い牧者は羊たちのためにいのちを捨てます」
(ヨハネの福音書10:11)

「ちょうど、父がわたしを知っておられ、わたしが父を知っているのと同じです。また、わたしは羊たちのために自分のいのちを捨てます」
(ヨハネの福音書10:15)

「わたしが再びいのちを得るために自分のいのちを捨てるからこそ、父はわたしを愛してくださいます」
(ヨハネの福音書10:17)

3) 人々を罪と罪の結果であるすべての刑罰から救うため

「人の子は、失われた者を捜して救うために来たのです」
(ルカの福音書19:10)

「『キリスト・イエスは罪人を救うために世に来られた』ということばは真実であり、そのまま受け入れるに値するものです。私はその罪人のかしらです」
(テモテへの手紙第一1:15)

4) 神のみこころを行い、ご自分を信じる人に永遠のいのちを与えるため

「わたしが天から下って来たのは、自分の思いを行うためではなく、わたしを遣わされた方のみこころを行うためです。わたしを遣わされた方のみこころは、わたしに与えてくださったすべての者を、わたしが一人も失うことなく、終わりの日によみがえらせることです。わたしの父のみこころは、子を見て信じる者がみな永遠のいのちを持ち、わたしがその人を終わりの日によみがえらせることなのです」
(ヨハネの福音書6:38-40)

5) 福音を伝えるため

「イエスは彼らに言われた。『さあ、近くにある別の町や村へ行こう。わたしはそこでも福音を伝えよう。そのために、わたしは出て来たのだから』」
(マルコの福音書1:38)

6) 弟子たちに福音宣教を委ねるため

「イエスは彼らに言われた。『わたしについて来なさい。人間をとる漁師にしてあげよう』」
(マタイの福音書4:19)

「イエスは十二人を任命し、彼らを使徒と呼ばれた。それは、彼らをご自分のそばに置くため、また彼らを遣わして宣教をさせ……」
(マルコの福音書3:14)

「キリストが私を遣わされたのは、バプテスマを授けるためではなく、福音を、ことばの知恵によらずに宣べ伝えるためでした。これはキリストの十字架が空しくならないようにするためです」(コリント人への手紙第一1:17)

7) ご自分の教会を建てあげるため

「そこで、わたしもあなたに言います。あなたはペテロです。わたしはこの岩の上に、わたしの教会を建てます。よみの門もそれに打ち勝つことはできません」
(マタイの福音書16:18)

2. 時期と時を生かす伝道

　神のみことばは、「すべてのことには定まった時期があり、天の下のすべての営みに時がある」(伝道者の書3:1)と明確に教えています。すべてのことに定まった時期と時があることは、いつも機会があるのではなく、できない時が必ず来ることを覚えて、機会があるときには忠実に与えられた職務を行い、使命を果たす生き方を教えています。ご自分のアイデンティティを知っているキリストは、この世にいる間、ご自分の時期と時を生かして最後の最後まで神の国の福音を証しされました。使徒パウロもキリストからこの生き方を学び、時期

第2課　キリストが来られた目的と伝道の時と動機

と時を生かして福音を証ししました。

「ヨハネが捕らえられた後、イエスはガリラヤに行き、神の福音を宣べ伝えて言われた。『時が満ち、神の国が近づいた。悔い改めて福音を信じなさい』」
(マルコの福音書1:14-15)

「イエスは三度目に戻って来ると、彼らに言われた。『まだ眠って休んでいるのですか。もう十分です。時が来ました。見なさい。人の子は罪人たちの手に渡されます』」
(マルコの福音書14:41)

「そこで、イエスは彼らに言われた。『わたしの時はまだ来ていません。しかし、あなたがたの時はいつでも用意ができています』」
(ヨハネの福音書7:6)

「わたしたちは、わたしを遣わされた方のわざを、昼のうちに行わなければなりません。だれも働くことができない夜が来ます」
(ヨハネの福音書9:4)

「すると、イエスは彼らに答えられた。『人の子が栄光を受ける時が来ました』」
(ヨハネの福音書12:23)

「今わたしの心は騒いでいる。何と言おうか。『父よ、この時からわたしをお救いください』と言おうか。いや、このためにこそ、わたしはこの時に至ったのだ」
(ヨハネの福音書12:27)

「さて、過越の祭りの前のこと、イエスは、この世を去って父のみもとに行く、ご自分の時が来たことを知っておられた。そして、世にいるご自分の者たちを愛してきたイエスは、彼らを最後まで愛された」
(ヨハネの福音書13:1)

「これらのことを話してから、イエスは目を天に向けて言われた。『父よ、時が来ました。子があなたの栄光を現すために、子の栄光を現してください』」
(ヨハネの福音書17:1)

「みことばを宣べ伝えなさい。時が良くても悪くてもしっかりやりなさい。忍耐の限りを尽くし、絶えず教えながら、責め、戒め、また勧めなさい」
(テモテへの手紙第二4:2)

このようにキリストは、神の国の福音を宣べ伝える時期と時がこの世にいる間であることを知っていたので、その日その日を大切にしながら与えられた職務と使命を忠実に果たされました。キリスト者一人一人もキリストのように神に召されている者としての自分のアイデンティティを確認して、生きている間、時が良くても悪くても忍耐の限りを尽くして福音を証しする使命があります。福音を宣べ伝えたくてもできない時が来るからです。

3. 伝道の動機

事を行うとき、目的も大切ですが、それと同じように動機も大切です。福音を宣べ伝える目的は人々が救われ、神にすべての栄光が帰されることです。この目的のために持つべき心構えが伝道の動機になります。純粋な動機をもって事を行う人々は、結果を聖霊にゆだねることができます。どんな結果があっても、失望しないで続けて福音を宣べ伝えることができるようになります。

1) 神の愛で人々を見ること

「神は、実に、そのひとり子をお与えになったほどに世を愛された。それは御子を信じる者が、一人として滅びることなく、永遠のいのちを持つためである」　　　　　　　　　　　　　　　　　　　　（ヨハネの福音書3:16）

「愛する者たち。神がこれほどまでに私たちを愛してくださったのなら、私たちもまた、互いに愛し合うべきです」　　　　　（ヨハネの手紙第一4:11）

「というのは、キリストの愛が私たちを捕らえているからです。私たちはこう考えました。一人の人がすべての人のために死んだ以上、すべての人が死んだのである、と」　　　　　　　　　　　（コリント人への手紙第二5:14）

「主は、ある人たちが遅れていると思っているように、約束したことを遅らせているのではなく、あなたがたに対して忍耐しておられるのです。だれも滅びることがなく、すべての人が悔い改めに進むことを望んでおられるのです」　　　　　　　　　　　　　　　　　　　（ペテロの手紙第二3:9）

2) 失われた一匹の羊を最後まで探す愛の心

「人の子は、失われた者を捜して救うために来たのです」

(ルカの福音書19:10)

3) 神の恵みに感謝する心

「すべての聖徒たちのうちで最も小さな私に、この恵みが与えられたのは、キリストの測り知れない富を福音として異邦人に宣べ伝えるためであり……」

(エペソ人への手紙3:8)

4) 人々の永遠の滅びを願わない愛の心

「金持ちは言った。『父よ。それではお願いですから、ラザロを私の家族に送ってください。私には兄弟が五人いますが、彼らまでこんな苦しい場所に来ることがないように、彼らに警告してください』」

(ルカの福音書16:27-28)

「いのちの書に記されていない者はみな、火の池に投げ込まれた」

(ヨハネの黙示録20:15)

　人々に対する神の犠牲的な愛が伝道の動機にならなければなりません。神はいちばん尊いひとり子であるキリストが、私たちを罪から救うために私たちの代わりに十字架でいのちを捨てるようにしました。この神の愛を覚えて、迷っている人々に神の愛をもって福音を宣べ伝える姿勢が必要です。また、福音を証しするとき、失われた一匹の羊を最後まで捜している良い牧者であるキリストの切ない心を持つ必要があります。何よりも人々の永遠の未来まで考え、彼らを深くあわれむ心をもって福音を宣べ伝える心構えが大切です。

結　　論

　すべてのキリスト者に、純粋な動機をもって福音を宣べ伝える使命があります。時が良くても悪くても福音を証しすることが神から与えられているキリス

ト者の使命です。キリスト者は、この使命を果たすために自分のアイデンティティをしっかり持って生きる必要があります。キリストは人々を愛し、彼らを救うために尊いいのちまで惜しまずに十字架上で捨ててくださいました。このキリストの愛をもって生きている限り、福音を証ししながら生きることがキリスト者の生き方です。

「そして毎日、宮や家々でイエスがキリストであると教え、宣べ伝えることをやめなかった」　　　　　　　　　　　　　　　（使徒の働き5:42）

「私は福音を恥としません。福音は、ユダヤ人をはじめギリシア人にも、信じるすべての人に救いをもたらす神の力です」　（ローマ人への手紙1:16）

第 3 課　キリスト者が召された目的

序　論

　キリスト者一人一人は、この世から主に召された目的と、この世に遣わされている目的をしっかり持って生きることが大切です。このように生きるとき、主が喜ばれる信仰の実を豊かに結ぶようになります。聖霊の導きと働きが体験として分かるようになります。信仰生活の迷いから解放され、生き生きと主と教会と福音に仕えるようになります。社会生活と人間関係の中でつまずかないようになります。いつも福音を証ししながら生きるようになります。神のみことばである聖書は、キリスト者が召された目的と福音伝道との間に深い関係があることを具体的に教えています。

　「ですから、兄弟たち。自分たちの召しと選びを確かなものとするように、いっそう励みなさい。これらのことを行っているなら、決してつまずくことはありません。このようにして、私たちの主であり救い主であるイエス・キリストの永遠の御国に入る恵みを、豊かに与えられるのです」
（ペテロの手紙第二1:10-11）

1. キリスト者

　聖書には、キリスト者（英語ではChristian、クリスチャン）ということばが三回使われています。使徒の働き11章26節と26章28節、ペテロの手紙第一4章16節です。このことばは英語のChristとianに相当する語を合成した語です。Christは「救い主であるイエス・キリスト」を、ianは「〜に属している」ことを意味します。この意味が表すとおり、キリストに属している人がキリスト者（クリスチャン）です。このことばは、アンティオキア教会の信徒たちの信仰生活と生き方を見て、その地域の人々が彼らを「キリスト者」と呼ぶことによって生まれました。特に、使徒の働き11章では、キリストのために迫害を受けている人々（19節）、キリストを宣べ伝える人々（20節）、キリストにとどまっている人々（23節）、愛を具体的に実行している人々（29-30節）がキリストに属

している「キリスト者」であることを示しています。このことばは一般の人々が主の民の信仰生活と彼らの生き方を見て与えてくれた名前です。キリスト者（クリスチャン）とは、なんと美しい、素晴らしい名前でしょう。その名前の意味をいつも吟味しながら、福音宣教と神の栄光のために歩む神の民が真のキリスト者です。

> 「彼を見つけて、アンティオキアに連れて来た。彼らは、まる一年の間教会に集い、大勢の人たちを教えた。弟子たちは、アンティオキアで初めて、キリスト者と呼ばれるようになった」　　　　　　　　　（使徒の働き11:26）

> 「するとアグリッパはパウロに、『おまえは、わずかな時間で私を説き伏せて、キリスト者にしようとしている』と言った」　　　　（使徒の働き26:28）

> 「しかし、キリスト者として苦しみを受けるのなら、恥じることはありません。かえって、このことのゆえに神をあがめなさい」
> 　　　　　　　　　　　　　　　　　　　　　　　　（ペテロの手紙第一4:16）

> 「さて、ステパノのことから起こった迫害により散らされた人々は、フェニキア、キプロス、アンティオキアまで進んで行ったが、ユダヤ人以外の人には、だれにもみことばを語らなかった。ところが、彼らの中にキプロス人とクレネ人が何人かいて、アンティオキアに来ると、ギリシア語を話す人たちにも語りかけ、主イエスの福音を宣べ伝えた」
> 　　　　　　　　　　　　　　　　　　　　　　　　（使徒の働き11:19-20）

> 「バルナバはそこに到着し、神の恵みを見て喜んだ。そして、心を堅く保っていつも主にとどまっているようにと、皆を励ました」
> 　　　　　　　　　　　　　　　　　　　　　　　　（使徒の働き11:23）

> 「弟子たちは、それぞれの力に応じて、ユダヤに住んでいる兄弟たちに救援の物を送ることに決めた。彼らはそれを実行し、バルナバとサウロの手に託して長老たちに送った」　　　　　　　　　　（使徒の働き11:29-30）

2. 主の命令と福音伝道

福音を宣べ伝える伝道は、教会のかしらである主イエス・キリストの命令で

あり、遺言であり、教えであり、生き方であり、キリストがこの世に遣わされた目的でもあります。同時に聖霊に導かれている初代教会と主の弟子たちの日々の生活であり、生き方であり、教えであり、命令でもあります。今日の教会も初代教会のように、キリストと使徒たちの教えと生き方にしっかり立って福音を宣べ伝える尊い使命と職務があります。主の教会がこの使命と職務を忠実に果たせば教会は続けて存続できますが、果たさなければいつかはなくなってしまうでしょう。

「ですから、あなたがたは行って、あらゆる国の人々を弟子としなさい。父、子、聖霊の名において彼らにバプテスマを授け、わたしがあなたがたに命じておいた、すべてのことを守るように教えなさい。見よ。わたしは世の終わりまで、いつもあなたがたとともにいます」
(マタイの福音書28:19-20)

「それから、イエスは彼らに言われた。『全世界に出て行き、すべての造られた者に福音を宣べ伝えなさい』」 (マルコの福音書16:15)

「『その名によって、罪の赦しを得させる悔い改めが、あらゆる国の人々に宣べ伝えられる。』エルサレムから開始して、あなたがたは、これらのことの証人となります」 (ルカの福音書24:47-48)

「彼らが食事を済ませたとき、イエスはシモン・ペテロに言われた。『ヨハネの子シモン。あなたは、この人たちが愛する以上に、わたしを愛していますか。』ペテロは答えた。『はい、主よ。私があなたを愛していることは、あなたがご存じです。』イエスは彼に言われた。『わたしの子羊を飼いなさい。』イエスは再び彼に『ヨハネの子シモン。あなたはわたしを愛していますか』と言われた。ペテロは答えた。『はい、主よ。私があなたを愛していることは、あなたがご存じです。』イエスは彼に言われた。『わたしの羊を牧しなさい。』イエスは三度目もペテロに、『ヨハネの子シモン。あなたはわたしを愛していますか』と言われた。ペテロは、イエスが三度目も『あなたはわたしを愛していますか』と言われたので、心を痛めてイエスに言った。『主よ、あなたはすべてをご存じです。あなたは、私があなたを愛していることを知っておられます。』イエスは彼に言われた。『わ

たしの羊を飼いなさい』」 (ヨハネの福音書21:15-17)

「しかし、聖霊があなたがたの上に臨むとき、あなたがたは力を受けます。そして、エルサレム、ユダヤとサマリアの全土、さらに地の果てまで、わたしの証人となります」 (使徒の働き1:8)

「神の御前で、また、生きている人と死んだ人をさばかれるキリスト・イエスの御前で、その現れとその御国を思いながら、私は厳かに命じます。みことばを宣べ伝えなさい。時が良くても悪くてもしっかりやりなさい。忍耐の限りを尽くし、絶えず教えながら、責め、戒め、また勧めなさい」 (テモテへの手紙第二4:1-2)

3. 福音が私の福音になること

　使徒パウロは福音を正しく悟ったので、神の福音であり主イエス・キリストの福音である福音を「私の福音」と告白しました。福音が私の福音になるとき、福音のために生きるようになります。福音の力を具体的に体験するようになります。福音の証人として生きるようになります。神に尊く用いられた主の弟子たちも使徒パウロも、このような生き方を示してくれました。今日の教会が福音伝道の使命を忠実に果たすためには、福音が「私の福音」にならなければなりません。福音が私の福音になるためには私がキリストのために、キリストの代わりに生きる姿勢が何よりも大切です。

「キリスト・イエスのしもべ、神の福音のために選び出され、使徒として召されたパウロから」 (ローマ人への手紙1:1、神の福音、参照15:16)
「私が御子の福音を伝えつつ心から仕えている神が証ししてくださることですが、私は絶えずあなたがたのことを思い……」
(ローマ人への手紙1:9、御子の福音、参照15:19、キリストの福音)
「私の福音によれば、神のさばきは、神がキリスト・イエスによって、人々の隠された事柄をさばかれるその日に行われるのです」

(ローマ人への手紙2:16、私の福音、参照16:25)

「私たちは、生きるとすれば主のために生き、死ぬとすれば主のために死にます。ですから、生きるにしても、死ぬにしても、私たちは主のものです」
(ローマ人への手紙14:8)

「キリストはすべての人のために死なれました。それは、生きている人々が、もはや自分のためにではなく、自分のために死んでよみがえった方のために生きるためです」
(コリント人への手紙第二5:15)

「もはや私が生きているのではなく、キリストが私のうちに生きておられるのです。今私が肉において生きているいのちは、私を愛し、私のためにご自分を与えてくださった、神の御子に対する信仰によるのです」
(ガラテヤ人への手紙2:20)

「私の願いは、どんな場合にも恥じることなく、今もいつものように大胆に語り、生きるにしても死ぬにしても、私の身によってキリストがあがめられることです。私にとって生きることはキリスト、死ぬことは益です」
(ピリピ人への手紙1:20-21)

　キリスト者が使徒パウロのように、福音であるキリストに従い、生きるにしても死ぬにしてもキリストのために生きるとき、自分を通して福音の力が人々に現されます。「私の福音」とは、決して自分から出ている福音ではありません。神とキリストから出ている福音が自分の生活を通して証しされる福音です。神の福音とキリストの福音が私の福音になるとき、いつでも福音の証人として生きるようになります。

4. キリスト者が召された目的

　イエスが弟子たちを呼び集め、彼らと共に生活しながら神の国を教え、彼らを訓練して、この世に遣わした目的の一つは、彼らを通して神の国の福音を人々に宣べ伝えることです。すべてのキリスト者も主に召され、この世に遣わされている主の弟子です。キリスト者一人一人が主に召された目的、選ばれた目的、この世に遣わされた目的をいつも自覚しながら生きることは、自分自身

にとっても、主の教会と、すべての人のためにも素晴らしい生き方であり、霊的な祝福です。

> 「イエスは十二人を呼び集めて、すべての悪霊を制して病気を癒やす力と権威を、彼らにお授けになった。そして、神の国を宣べ伝え、病人を治すために、こう言って彼らを遣わされた」 （ルカの福音書9:1-2）
>
> 「あなたがわたしを世に遣わされたように、わたしも彼らを世に遣わしました。わたしは彼らのため、わたし自身を聖別します。彼ら自身も真理によって聖別されるためです。わたしは、ただこの人々のためだけでなく、彼らのことばによってわたしを信じる人々のためにも、お願いします」 （ヨハネの福音書17:18-20）
>
> 「イエスは再び彼らに言われた。『平安があなたがたにあるように。父がわたしを遣わされたように、わたしもあなたがたを遣わします』」 （ヨハネの福音書20:21）
>
> 「しかし、あなたがたは選ばれた種族、王である祭司、聖なる国民、神のものとされた民です。それは、あなたがたを闇の中から、ご自分の驚くべき光の中に召してくださった方の栄誉を、あなたがたが告げ知らせるためです」 （ペテロの手紙第一2:9）
>
> 「あなたがたがわたしを選んだのではなく、わたしがあなたがたを選び、あなたがたを任命しました。それは、あなたがたが行って実を結び、その実が残るようになるため、また、あなたがたがわたしの名によって父に求めるものをすべて、父が与えてくださるようになるためです」 （ヨハネの福音書15:16）
>
> 「異邦人のためにキリスト・イエスに仕える者となったからです。私は神の福音をもって、祭司の務めを果たしています。それは異邦人が、聖霊によって聖なるものとされた、神に喜ばれるささげ物となるためです」 （ローマ人への手紙15:16）

結　論

　私たちは、真理であり福音であるキリストを正しく知り、悟るとき、キリストに従うようになります。キリストのために、キリストの代わりに生きるようになります。キリストの素晴らしさを現すようになります。生活の中でキリストを証しするようになります。時が良くても悪くても福音であるキリストを宣べ伝えるようになります。

　「私たちの福音は、ことばだけでなく、力と聖霊と強い確信を伴って、あなたがたの間に届いたからです。あなたがたのところで、私たちがあなたがたのためにどのように行動していたかは、あなたがたが知っているとおりです」
　　　　　　　　　　　　　　　　　　（テサロニケ人への手紙第一1:5）

第4課　伝道する理由と伝道者の心構え

序　論

　人々に福音を宣べ伝える伝道者は、伝道の動機だけではなく、伝道する理由も正しく理解しなければなりません。また、良い心構えをもって福音を宣べ伝える必要があります。なぜなら福音を聞いている人々は、伝道者が語る目に見えない福音より、目に見える伝道者の心構えに関心があるからです。福音伝道のために尊く用いられた使徒パウロは、良い心構えをもって人々に神の福音を宣べ伝えました。キリスト者が伝道する理由と、伝道者の心構えを正しく悟るようになれば、自分の生活の中で家族、友人、知人に福音を証しするようになるでしょう。

　「あなたがたをいとおしく思い、神の福音だけではなく、自分自身のいのちまで、喜んであなたがたに与えたいと思っています。あなたがたが私たちの愛する者となったからです。兄弟たち。あなたがたは私たちの労苦と辛苦を覚えているでしょう。私たちは、あなたがたのだれにも負担をかけないように、夜も昼も働きながら、神の福音をあなたがたに宣べ伝えました」
　　　　　　　　　　　　　　　　　　　　（テサロニケ人への手紙第一2:8-9）

1. 伝道する理由

　伝道は、人々に福音を宣べ伝えることです。聖書は伝道する理由を具体的に教えています。伝道する理由は、人々を愛しておられる神にすべての栄光を帰すことです。神に喜びを与えることです。福音を聞く人々が救われることです。主の再臨の日に備えることです。決して自分の利益と栄光と満足と喜びを求めるものではありません。私たちも伝道する理由を知れば知るほど伝道したくなります。自分の伝道によって救われる人が生まれると喜びをもって神に感謝と賛美と栄光と喜びをささげるようになります。しかし、正しく悟らなければ伝道することが重荷になる場合もあるでしょう。

1) 神の栄光を現し、神に栄光を帰すため

「あなたがたが多くの実を結び、わたしの弟子となることによって、わたしの父は栄光をお受けになります」　　　　　　　　　（ヨハネの福音書15:8）
「こういうわけで、あなたがたは、食べるにも飲むにも、何をするにも、すべて神の栄光を現すためにしなさい」　　　（コリント人への手紙第一10:31）

2) 神に喜びを与えるため

「ところが父親は、しもべたちに言った。『急いで一番良い衣を持って来て、この子に着せなさい。手に指輪をはめ、足に履き物をはかせなさい。』……『だが、おまえの弟は死んでいたのに生き返り、いなくなっていたのに見つかったのだから、喜び祝うのは当然ではないか』」
　　　　　　　　　　　　　　　　　　　　　　　　（ルカの福音書15:22、32）
「むしろ私たちは、神に認められて福音を委ねられた者ですから、それにふさわしく、人を喜ばせるのではなく、私たちの心をお調べになる神に喜んでいただこうとして、語っているのです」（テサロニケ人への手紙第一2:4）
「彼らにこう言え。『わたしは生きている——**神**である主のことば——。わたしは決して悪しき者の死を喜ばない。悪しき者がその道から立ち返り、生きることを喜ぶ。立ち返れ。悪の道から立ち返れ。イスラエルの家よ、なぜ、あなたがたは死のうとするのか』」　　　　　　　（エゼキエル書33:11）

3) 福音を聞いて信じる人が救われるため

「神の知恵により、この世は自分の知恵によって神を知ることがありませんでした。それゆえ神は、宣教のことばの愚かさを通して、信じる者を救うことにされたのです」　　　　　　　　　　（コリント人への手紙第一1:21）
「あなたがたが、信仰の結果であるたましいの救いを得ているからです」
　　　　　　　　　　　　　　　　　　　　　　　　　　　（ペテロの手紙第一1:9）
「『主の御名を呼び求める者はみな救われる』のです。しかし、信じたことのない方を、どのようにして呼び求めるのでしょうか。聞いたことのない方を、どのようにして信じるのでしょうか。宣べ伝える人がいなければ、

どのようにして聞くのでしょうか」　　　　　　（ローマ人への手紙10:13-14）

4) 主の再臨の日に備えるため

　「御国のこの福音は全世界に宣べ伝えられて、すべての民族に証しされ、それから終わりが来ます」　　　　　　　　　　　　　　（マタイの福音書24:14）

2. 伝道の重荷を乗り越える生き方

　伝道する理由を悟らないままで伝道することは、喜びより重荷となります。その原因はいろいろあると思います。教会の内部の問題もあり、教会の外部の問題（伝統宗教の問題、伝統文化の問題、異端の問題、迫害の問題、世俗化の問題等）もあります。しかしそのような問題は、昔も今もどこにでもあるでしょう。そのような問題があってもキリスト者には、福音を家族、友人、知人、隣人に伝える使命があります。キリスト者がこの問題を乗り越え、人々に福音を証しするためには、神と人々に対する愛のレベルを高くし、救いの確信と天国への希望をしっかりもって生きることが大切です。また人々の救いのために聖霊の助けを絶えず求め、伝道の結果を主にゆだね、いつも主に従う信仰に生きる生き方も大切です。

1) 目に見える兄弟を神の愛で愛すること

　「神を愛すると言いながら兄弟を憎んでいるなら、その人は偽り者です。目に見える兄弟を愛していない者に、目に見えない神を愛することはできません。神を愛する者は兄弟も愛すべきです。私たちはこの命令を神から受けています」　　　　　　　　　　　　　　　　　　（ヨハネの手紙第一4:20-21）

　「愛する者たち。神がこれほどまでに私たちを愛してくださったのなら、私たちもまた、互いに愛し合うべきです」　　　　　（ヨハネの手紙第一4:11）

2) 罪人のたましいを神の愛で愛すること

　「罪人を迷いの道から連れ戻す人は、罪人のたましいを死から救い出し、また多くの罪をおおうことになるのだと、知るべきです」

第4課　伝道する理由と伝道者の心構え

(ヤコブの手紙5:20)

3) 救いの確信をしっかり持つこと

「この恵みのゆえに、あなたがたは信仰によって救われたのです。それはあなたがたから出たことではなく、神の賜物です」　(エペソ人への手紙2:8)

4) 天国と復活に対する明確な信仰を持つこと

「イエスは彼女に言われた。『わたしはよみがえりです。いのちです。わたしを信じる者は死んでも生きるのです。また、生きていてわたしを信じる者はみな、永遠に決して死ぬことがありません。あなたは、このことを信じますか』」　(ヨハネの福音書11:25-26)

5) 福音には人を救う神の力があることを確信すること

「私は福音を恥としません。福音は、ユダヤ人をはじめギリシア人にも、信じるすべての人に救いをもたらす神の力です」　(ローマ人への手紙1:16)

6) 人々が地獄ではなく、神の国に入ることを心から願うこと

「金持ちは言った。『父よ。それではお願いですから、ラザロを私の家族に送ってください。私には兄弟が五人いますが、彼らまでこんな苦しい場所に来ることがないように、彼らに警告してください』」　(ルカの福音書16:27-28)

　キリスト者が伝道の重荷を乗り越え、福音を証しするためには、神のみことばに従い、神の愛で人々を愛し、自分の愛のレベルを高くし、救いの確信と喜びを持ち、天国と復活に対する明確な信仰を保ち、人を救う神の力が福音にあることをしっかり信じて忠実に生きることです。

3. キリスト者が伝道しない八つの普遍的な理由

1) 伝道ということばに対する恐れがある。

2）伝道を不自然な行いだと思う。
3）断られることを恐れる。
4）自分の信仰に対する確信がない。
5）他の人々に狂信者に見られたくない。
6）どう伝道すればいいのかが分からない。
7）信仰に対する自分の知識の乏しさに不安を感じる。
　　相手の質問に対して答えることができなければ恥ずかしいと思う。
8）人々が福音に関心がないと推測する。

（William J. McKay, Me, an Evangelist? より）

4. 伝道者の心構え

　神のみことばは、伝道者が語る福音の内容も、福音に対する伝道者の姿勢も、福音を聞く人に対する伝道者の心構えも重要であることを具体的に教えています。福音を宣べ伝える伝道者が神に喜ばれ、人々にも認められるためには、神の愛とキリストの心で人に接する心構えが必要です。

1）神から委ねられた任務を果たす心を持つ

　　「神は、定められた時に、みことばを宣教によって明らかにされました。私はこの宣教を、私たちの救い主である神の命令によって委ねられたのです──」
（テトスへの手紙1:3）

2）神に代わって語る見張りの心を持つ

　　「人の子よ。わたしはあなたをイスラエルの家の見張りとした。あなたは、わたしの口からことばを聞き、わたしに代わって彼らに警告を与えよ」
（エゼキエル書3:17）

3）神のことばを語るとき燃えさかる心を持つ

　　「私が、『主のことばは宣べ伝えない。もう御名によっては語らない』と思っても、主のことばは私の心のうちで、骨の中に閉じ込められて、燃え

さかる火のようになり、私は内にしまっておくのに耐えられません。もうできません」
(エレミヤ書20:9)

4) 負い目を返す心を持つ

「私は、ギリシア人にも未開の人にも、知識のある人にも知識のない人にも、負い目のある者です」　　　　　　　　　　　(ローマ人への手紙1:14)

「私が福音を宣べ伝えても、私の誇りにはなりません。そうせずにはいられないのです。福音を宣べ伝えないなら、私はわざわいです」
(コリント人への手紙第一9:16)

5) 収穫の時を見分ける心を持つ

「あなたがたは、『まだ四か月あって、それから刈り入れだ』と言ってはいませんか。しかし、あなたがたに言います。目を上げて畑を見なさい。色づいて、刈り入れるばかりになっています」　　(ヨハネの福音書4:35)

「わたしたちは、わたしを遣わされた方のわざを、昼のうちに行わなければなりません。だれも働くことができない夜が来ます」
(ヨハネの福音書9:4)

「そこでイエスは弟子たちに言われた。『収穫は多いが、働き手が少ない。だから、収穫の主に、ご自分の収穫のために働き手を送ってくださるように祈りなさい』」　　　　　　　　　　(マタイの福音書9:37-38)

6) 一人も滅びることを願わない神の心を持つ

「このように、この小さい者たちの一人が滅びることは、天におられるあなたがたの父のみこころではありません」　　(マタイの福音書18:14)

「神は、すべての人が救われて、真理を知るようになることを望んでおられます」　　　　　　　　　　　　　　(テモテへの手紙第一2:4)

「主は、ある人たちが遅れていると思っているように、約束したことを遅らせているのではなく、あなたがたに対して忍耐しておられるのです。だれも滅びることがなく、すべての人が悔い改めに進むことを望んでおられるのです」　　　　　　　　　　　　　　　　(ペテロの手紙第二3:9)

7) 相手のようになり、相手に仕える姿勢を持つ

　「私はだれに対しても自由ですが、より多くの人を獲得するために、すべての人の奴隷になりました。ユダヤ人にはユダヤ人のようになりました。ユダヤ人を獲得するためです。律法の下にある人たちには ── 私自身は律法の下にはいませんが ── 律法の下にある者のようになりました。律法の下にある人たちを獲得するためです。律法を持たない人たちには ── 私自身は神の律法を持たない者ではなく、キリストの律法を守る者ですが ── 律法を持たない者のようになりました。律法を持たない人たちを獲得するためです。弱い人たちには、弱い者になりました。弱い人たちを獲得するためです。すべての人に、すべてのものとなりました。何とかして、何人かでも救うためです。私は福音のためにあらゆることをしています。私も福音の恵みをともに受ける者となるためです」

（コリント人への手紙第一9:19-23）

結　　論

　伝道はキリスト者が人々に福音を宣べ伝える愛の働きです。キリスト者が宣べ伝える福音（キリスト）によって人々が救われることは、神のみこころであり、神の喜びであり、キリスト者が神の栄光を現すことであり、神に栄光を帰すことです。これがキリスト者が伝道する理由です。伝道する理由を理解していても、伝道に対する不安、重荷、恐れがあることも事実です。この問題を乗り越えるためには、神の愛とキリストの心を持つ心構えと、日々の生活の中で家族、兄弟姉妹、友人、知人、隣人を心から愛する姿勢が大切です。

　「このように、あなたがたの光を人々の前で輝かせなさい。人々があなたがたの良い行いを見て、天におられるあなたがたの父をあがめるようになるためです」

（マタイの福音書5:16）

　「むしろ、心の中でキリストを主とし、聖なる方としなさい。あなたがたのうちにある希望について説明を求める人には、だれにでも、いつでも弁

明できる用意をしていなさい。ただし、柔和な心で、恐れつつ、健全な良心をもって弁明しなさい。そうすれば、キリストにあるあなたがたの善良な生き方をののしっている人たちが、あなたがたを悪く言ったことを恥じるでしょう」

(ペテロの手紙第一3:15-16)

第 5 課　初代教会から学ぶ福音伝道

序　論

　使徒の働きに記録されている初代教会は、聖霊に満たされ、聖霊に導かれ、聖霊の力によって福音を宣べ伝える使命を果たしました。迫害と患難があっても、避難生活の中でも、行く先々で福音を証ししました。初代教会の指導者たちと聖徒たちは、福音であるキリストをエルサレムからローマまで忠実に証ししました。教会と聖霊の時代に生きている今日の教会も、永遠の王であり救い主であるキリストをローマから地の果てまで宣べ伝えるという使命があります。これは、イエス・キリストの命令に忠実に従った初代教会が今日の教会に残してくれた尊い信仰の遺産です。

1. 教会の基本的な使命

　信仰の共同体であり、使命の共同体である教会は、果たさなければならない尊い使命があります。その使命は、人間から出ているものではなく、教会のかしらであるキリストが示してくださった使命です。また、すべての時代のすべての教会が学ばなければならない母なる教会、すなわち聖霊に満たされていた初代教会が私たちに残してくれた使命でもあります。教会が果たすべき基本的な使命は四つあります。

1) 礼拝をささげる使命（礼拝）

> 「しかし、まことの礼拝者たちが、御霊と真理によって父を礼拝する時が来ます。今がその時です。父はそのような人たちを、ご自分を礼拝する者として求めておられるのです。神は霊ですから、神を礼拝する人は、御霊と真理によって礼拝しなければなりません」　　　（ヨハネの福音書4:23-24）
> 「そして、毎日心を一つにして宮に集まり、家々でパンを裂き、喜びと真心をもって食事をともにし、神を賛美し、民全体から好意を持たれていた。主は毎日、救われる人々を加えて一つにしてくださった」
>
> 　　　　　　　　　　　　　　　　　　　　　　　（使徒の働き2:46-47）

「彼らが主を礼拝し、断食していると、聖霊が『さあ、わたしのためにバルナバとサウロを聖別して、わたしが召した働きに就かせなさい』と言われた」
(使徒の働き13:2)

「ですから、兄弟たち、私は神のあわれみによって、あなたがたに勧めます。あなたがたのからだを、神に喜ばれる、聖なる生きたささげ物として献げなさい。それこそ、あなたがたにふさわしい礼拝です」
(ローマ人への手紙12:1)

2) みことばを教える使命（教会教育）

「わたしがあなたがたに命じておいた、すべてのことを守るように教えなさい。見よ。わたしは世の終わりまで、いつもあなたがたとともにいます」
(マタイの福音書28:20)

「彼らはいつも、使徒たちの教えを守り、交わりを持ち、パンを裂き、祈りをしていた」
(使徒の働き2:42)

「彼を見つけて、アンティオキアに連れて来た。彼らは、まる一年の間教会に集い、大勢の人たちを教えた。弟子たちは、アンティオキアで初めて、キリスト者と呼ばれるようになった」
(使徒の働き11:26)

「多くの証人たちの前で私から聞いたことを、ほかの人にも教える力のある信頼できる人たちに委ねなさい」
(テモテへの手紙第二2:2)

3) 福音を宣べ伝える使命（福音伝道）

「イエスはガリラヤ全域を巡って会堂で教え、御国の福音を宣べ伝え、民の中のあらゆる病、あらゆるわずらいを癒やされた」(マタイの福音書4:23)

「それから、イエスは彼らに言われた。『全世界に出て行き、すべての造られた者に福音を宣べ伝えなさい』」
(マルコの福音書16:15)

「彼らが祈り終えると、集まっていた場所が揺れ動き、一同は聖霊に満たされ、神のことばを大胆に語り出した」
(使徒の働き4:31)

「そして毎日、宮や家々でイエスがキリストであると教え、宣べ伝えることをやめなかった」
(使徒の働き5:42)

4）愛を実践する使命（社会奉仕）

　「わたしはあなたがたに新しい戒めを与えます。互いに愛し合いなさい。わたしがあなたがたを愛したように、あなたがたも互いに愛し合いなさい」　　　　　　　　　　　　　　　　　　　　　　　（ヨハネの福音書13:34）
　「父がわたしを愛されたように、わたしもあなたがたを愛しました。わたしの愛にとどまりなさい。わたしがわたしの父の戒めを守って、父の愛にとどまっているのと同じように、あなたがたもわたしの戒めを守るなら、わたしの愛にとどまっているのです」　　　　　　（ヨハネの福音書15:9-10）
　「信者となった人々はみな一つになって、一切の物を共有し、財産や所有物を売っては、それぞれの必要に応じて、皆に分配していた。そして、毎日心を一つにして宮に集まり、家々でパンを裂き、喜びと真心をもって食事をともにし、神を賛美し、民全体から好意を持たれていた。主は毎日、救われる人々を加えて一つにしてくださった」　　　　　　（使徒の働き2:44-47）
　「一切のことを、愛をもって行いなさい」　　（コリント人への手紙第一16:14）

2. 初代エルサレムの教会と福音伝道

　五旬節（ペンテコステ）に生まれたエルサレムの初代教会は、皆が聖霊によるバプテスマを受け、皆が聖霊に満たされ、皆が聖霊に導かれる教会の本当の姿を現してくれました。この姿はすべての時代のすべての教会がいつも学ぶべき教会の本当の姿であり、使命です。教会が聖霊に満たされ導かれるとき現される姿が、使徒の働き2章37-47節に書かれています。

　「人々はこれを聞いて心を刺され、ペテロとほかの使徒たちに、『兄弟たち、私たちはどうしたらよいでしょうか』と言った。そこで、ペテロは彼らに言った。『それぞれ罪を赦していただくために、悔い改めて、イエス・キリストの名によってバプテスマを受けなさい。そうすれば、賜物として聖霊を受けます。この約束は、あなたがたに、あなたがたの子どもたちに、そして遠くにいるすべての人々に、すなわち、私たちの神である主

が召される人ならだれにでも、与えられているのです。』ペテロは、ほかにも多くのことばをもって証しをし、『この曲がった時代から救われなさい』と言って、彼らに勧めた。彼のことばを受け入れた人々はバプテスマを受けた。その日、三千人ほどが仲間に加えられた。彼らはいつも、使徒たちの教えを守り、交わりを持ち、パンを裂き、祈りをしていた。すべての人に恐れが生じ、使徒たちによって多くの不思議としるしが行われていた。信者となった人々はみな一つになって、一切の物を共有し、財産や所有物を売っては、それぞれの必要に応じて、皆に分配していた。そして、毎日心を一つにして宮に集まり、家々でパンを裂き、喜びと真心をもって食事をともにし、神を賛美し、民全体から好意を持たれていた。主は毎日、救われる人々を加えて一つにしてくださった」　　　（使徒の働き2:37-47）

ここには、初代エルサレムの教会に現された教会の大切な姿が書かれています。今日のすべての教会も、初代エルサレムの教会が現してくれたこの姿を忠実に示さなければなりません。なぜなら、これが教会の本当の姿であり、生き方であり、使命だからです。

＜初代エルサレムの教会の姿＞
1) 福音のみことばが語られた（38-41節）──福音伝道
2) キリストを受け入れた人々がバプテスマを受けた（41節）──福音伝道
3) みことばの教えと学びがあった（42節）──教会教育
4) 共に祈っていた（42節）──礼拝
5) 不思議としるしが行われた（43節）──福音伝道
6) 聖徒の交わりがあった（44-46節）──愛の実践
7) 心を一つにして宮に集まった（46節）──礼拝
8) 神を賛美した（47節）──礼拝
9) 救われる人々が加えられた（47節）──福音伝道

3. 初代教会の数的成長（使徒の働き）

1) 百二十人ほど

「そのころ、百二十人ほどの人々が一つになって集まっていたが、ペテロがこれらの兄弟たちの中に立って、こう言った」　　　　　　（使徒の働き1:15）

2) 三千人ほど

「彼のことばを受け入れた人々はバプテスマを受けた。その日、三千人ほどが仲間に加えられた」　　　　　　（使徒の働き2:41）

3) 五千人ほど

「しかし、話を聞いた人々のうち大勢が信じ、男の数が五千人ほどになった」　　　　　　（使徒の働き4:4）

4) 弟子の数が非常に増えていった

「こうして、神のことばはますます広まっていき、エルサレムで弟子の数が非常に増えていった。また、祭司たちが大勢、次々と信仰に入った」
　　　　　　（使徒の働き6:7）

5) 信者の数が増えていった

「こうして、教会はユダヤ、ガリラヤ、サマリアの全地にわたり築き上げられて平安を得た。主を恐れ、聖霊に励まされて前進し続け、信者の数が増えていった」　　　　　　（使徒の働き9:31）

6) 多くの人々が主を信じた

「このことがヤッファ中に知れ渡り、多くの人々が主を信じた」
　　　　　　（使徒の働き9:42）

7) 人数も日ごとに増えていった

「こうして諸教会は信仰を強められ、人数も日ごとに増えていった」
(使徒の働き16:5)

8) 何万ものユダヤ人

「彼らはこれを聞いて神をほめたたえ、パウロに言った。『兄弟よ。ご覧のとおり、ユダヤ人の中で信仰に入っている人が何万となくいますが、みな律法に熱心な人たちです』」
(使徒の働き21:20)

4. 諦めないで福音を宣べ伝えた初代教会

「ペテロは、ほかにも多くのことばをもって証しをし、『この曲がった時代から救われなさい』と言って、彼らに勧めた。彼のことばを受け入れた人々はバプテスマを受けた。その日、三千人ほどが仲間に加えられた」
(使徒の働き2:40-41)

「彼らが祈り終えると、集まっていた場所が揺れ動き、一同は聖霊に満たされ、神のことばを大胆に語り出した」
(使徒の働き4:31)

「そして毎日、宮や家々でイエスがキリストであると教え、宣べ伝えることをやめなかった」
(使徒の働き5:42)

「ピリポはサマリアの町に下って行き、人々にキリストを宣べ伝えた」
(使徒の働き8:5)

「ただちに諸会堂で、『この方こそ神の子です』とイエスのことを宣べ伝え始めた」
(使徒の働き9:20)

「ところが、彼らの中にキプロス人とクレネ人が何人かいて、アンティオキアに来ると、ギリシア語を話す人たちにも語りかけ、主イエスの福音を宣べ伝えた」
(使徒の働き11:20)

「私たちもあなたがたに、神が父祖たちに約束された福音を宣べ伝えています」
(使徒の働き13:32)

「パウロとバルナバはアンティオキアにとどまって、ほかの多くの人々と

ともに、主のことばを教え、福音を宣べ伝えた」　　　　（使徒の働き15:35）

「少しもはばかることなく、また妨げられることもなく、神の国を宣べ伝え、主イエス・キリストのことを教えた」　　　　（使徒の働き28:31）

5. 初代アンティオキアの教会と福音伝道

　アンティオキア教会は、エルサレムの教会に激しい迫害があったとき、その迫害によって散らされた人々がアンティオキアまで導かれ、そこにいる人々に福音を語ることによって建てられた教会です。この教会の姿が使徒の働き11章19-30節、13章1-3節に書かれています。迫害の中でも教会の基本的な使命を忠実に果たしたアンティオキア教会は、今日のすべての教会が必ず倣うべき模範的な教会です。

　「さて、ステパノのことから起こった迫害により散らされた人々は、フェニキア、キプロス、アンティオキアまで進んで行ったが、ユダヤ人以外の人には、だれにもみことばを語らなかった。ところが、彼らの中にキプロス人とクレネ人が何人かいて、アンティオキアに来ると、ギリシア語を話す人たちにも語りかけ、主イエスの福音を宣べ伝えた。そして、主の御手が彼らとともにあったので、大勢の人が信じて主に立ち返った。この知らせがエルサレムにある教会の耳に入ったので、彼らはバルナバをアンティオキアに遣わした。バルナバはそこに到着し、神の恵みを見て喜んだ。そして、心を堅く保っていつも主にとどまっているようにと、皆を励ました。彼は立派な人物で、聖霊と信仰に満ちている人であった。こうして、大勢の人たちが主に導かれた。それから、バルナバはサウロを捜しにタルソに行き、彼を見つけて、アンティオキアに連れて来た。彼らは、まる一年の間教会に集い、大勢の人たちを教えた。弟子たちは、アンティオキアで初めて、キリスト者と呼ばれるようになった。そのころ、預言者たちがエルサレムからアンティオキアに下って来た。その中の一人で名をアガボという人が立って、世界中に大飢饉が起こると御霊によって預言し、それがクラウディウス帝の時に起こった。弟子たちは、それぞれの力に応じて、ユ

ダヤに住んでいる兄弟たちに救援の物を送ることに決めた。彼らはそれを実行し、バルナバとサウロの手に託して長老たちに送った」

(使徒の働き11:19-30)

「さて、アンティオキアには、そこにある教会に、バルナバ、ニゲルと呼ばれるシメオン、クレネ人ルキオ、領主ヘロデの乳兄弟マナエン、サウロなどの預言者や教師がいた。彼らが主を礼拝し、断食していると、聖霊が『さあ、わたしのためにバルナバとサウロを聖別して、わたしが召した働きに就かせなさい』と言われた。そこで彼らは断食して祈り、二人の上に手を置いてから送り出した」

(使徒の働き13:1-3)

＜アンティオキア教会の姿＞

1) みことばを語り、主イエスの福音を宣べ伝えた（使徒11:19-20）── 福音伝道
2) 大ぜいの人が信じて主に立ち返った（使徒11:21）── 福音伝道
3) 大ぜいの人が主に導かれた（使徒11:24）── 福音伝道
4) 大ぜいの人たちを教えた（使徒11:26）── 教会教育
5) ユダヤに住んでいる兄弟たちに救援の物を送った（使徒11:29-30）── 愛の実践
6) みことばを教える指導者がいた（使徒13:1）── 教会教育
7) 礼拝と断食と祈りがあった（使徒13:2-3）── 聖霊に導かれる礼拝
8) バルナバとサウロを宣教師として送り出した（使徒13:3）── 福音宣教

6. 伝道する教会に与えられる霊的な祝福

今日の教会が主に尊く用いられるためには、何が必要でしょうか。何よりも、必要なものは「ただ聖書（sola scriptura）」に戻ることです。聖書に戻り、教会のアイデンティティと教会の使命を新たに確認することです。私たちはその答えを使徒の働きの教会を通して知ることができます。今日のすべての教会は、聖霊に満たされ、聖霊に導かれ、聖霊の力によって福音を宣べ伝える使命を果たした初代教会の姿を学ばなければなりません。そのとき、初代教会のように

伝道する教会、福音に生きる教会、福音伝道のために尊く用いられる教会になります。教会が初代教会のように忠実に福音を宣べ伝えるとき、教会に与えられる霊的な祝福はたくさんあります。

1) 教会が聖霊に満たされ、聖霊に導かれる
2) 教会に霊的な喜びと活気が満ちあふれる
3) 信者が信仰の恵みを体験する
4) 信者の信仰が燃やされる
5) 礼拝に恵みが満ちあふれる
6) 教会が主にあって一つになる
7) たましいが救われる喜びを共に味わう
8) 信者に人を愛する心が大きくなる
9) 教会に救われる人が加えられる
10) 信者が霊的な祝福を受ける

結　論

今日のすべての教会は、聖霊に満たされ、聖霊に導かれ、聖霊の力によって福音を忠実に宣べ伝えた初代エルサレムの教会とアンティオキアの教会の姿を学ばなければなりません。今日の教会が初代教会を正しく学ぶとき、教会のアイデンティティと教会の使命を正しく悟るようになるでしょう。また初代教会のように、聖霊の力によって教会の基本的な使命を、どんな環境の中でも忠実に果たすようになるでしょう。

「散らされた人たちは、みことばの福音を伝えながら巡り歩いた。ピリポはサマリアの町に下って行き、人々にキリストを宣べ伝えた。群衆はピリポの話を聞き、彼が行っていたしるしを見て、彼が語ることに、そろって関心を抱くようになった。汚れた霊につかれた多くの人たちから、その霊が大声で叫びながら出て行き、中風の人や足の不自由な人が数多く癒やされたからである。その町には、大きな喜びがあった」　　　（使徒の働き8:4-8）

第６課　伝道者の姿勢と伝道者が受ける報い

序　論

　伝道者が福音を宣べ伝えるとき、二つの問題で悩む場合があります。一つは何を伝えるべきか（福音伝道の内容）、もう一つはどのように伝えるべきか（福音伝道の方法）という問題です。しかし福音を受け入れた人々によれば、もう一つ大切なことがあると証しされています。それは、福音を宣べ伝える伝道者の姿勢です。福音の内容を完全に理解して受け入れた人や、伝道者の優れた話に感動して福音を受け入れた人は少ないでしょう。伝道者の良い姿勢に感動して福音を受け入れる人が多いのです。神のみことばは、伝道者が福音を宣べ伝えるときに持つべき姿勢と、伝道者の嘆息と感謝、伝道者が受ける報いについて明確に示しています。

1. 伝道者の姿勢

　神のみことばは、伝道者が福音を宣べ伝えるときに持つべき姿勢を具体的に教えています。そこには、福音を宣べ伝える伝道者の生き方と人格と行いが重要であることが示されています。

1) 人々を深くあわれむ

　　「また、群衆を見て深くあわれまれた。彼らが羊飼いのいない羊の群れのように、弱り果てて倒れていたからである」　　　　　　　（マタイの福音書9:36）

2) キリストだけを誇りとする

　　「しかし私は、自分にとって得であったこのようなすべてのものを、キリストのゆえに損と思うようになりました。それどころか、私の主であるキリスト・イエスを知っていることのすばらしさのゆえに、私はすべてを損と思っています。私はキリストのゆえにすべてを失いましたが、それらはちりあくただと考えています。それは、私がキリストを得て、キリストにある者と認められるようになるためです。私は律法による自分の義ではな

く、キリストを信じることによる義、すなわち、信仰に基づいて神から与えられる義を持つのです」 （ピリピ人への手紙3:7-9）

3) 明確な使命感を持つ

「けれども、私が自分の走るべき道のりを走り尽くし、主イエスから受けた、神の恵みの福音を証しする任務を全うできるなら、自分のいのちは少しも惜しいとは思いません」 （使徒の働き20:24）

4) 信仰に生きているかどうか、自分自身を試し、吟味する

「あなたがたは、信仰に生きているかどうか、自分自身を試し、吟味しなさい。それとも、あなたがたは自分自身のことを、自分のうちにイエス・キリストがおられることを、自覚していないのですか。あなたがたが不適格な者なら別ですが」 （コリント人への手紙第二13:5）

救いの確信がなければ福音を宣べ伝えることはできないでしょう。

5) 神の愛に対する確信と世に打ち勝つ信仰を持つ

「神は、実に、そのひとり子をお与えになったほどに世を愛された。それは御子を信じる者が、一人として滅びることなく、永遠のいのちを持つためである」 （ヨハネの福音書3:16）

「神から生まれた者はみな、世に勝つからです。私たちの信仰、これこそ、世に打ち勝った勝利です」 （ヨハネの手紙第一5:4）

6) キリストの愛で人々を愛する心を持つ

「わたしはあなたがたに新しい戒めを与えます。互いに愛し合いなさい。わたしがあなたがたを愛したように、あなたがたも互いに愛し合いなさい。互いの間に愛があるなら、それによって、あなたがたがわたしの弟子であることを、すべての人が認めるようになります」 （ヨハネの福音書13:34-35）

「何よりもまず、互いに熱心に愛し合いなさい。愛は多くの罪をおおうからです」 （ペテロの手紙第一4:8）

7) いつでも福音を説明できる用意をする

　　「むしろ、心の中でキリストを主とし、聖なる方としなさい。あなたがたのうちにある希望について説明を求める人には、だれにでも、いつでも弁明できる用意をしていなさい」　　　　　　　　　　（ペテロの手紙第一3:15）

8) いのちまで与える愛の心をもって福音を語る

　　「あなたがたをいとおしく思い、神の福音だけではなく、自分自身のいのちまで、喜んであなたがたに与えたいと思っています。あなたがたが私たちの愛する者となったからです」　　　（テサロニケ人への手紙第一2:8）
　　「人が自分の友のためにいのちを捨てること、これよりも大きな愛はだれも持っていません」　　　　　　　　　　　　　（ヨハネの福音書15:13）

9) 自分の手足を義の道具として神にささげる

　　「また、あなたがたの手足を不義の道具として罪に献げてはいけません。むしろ、死者の中から生かされた者としてあなたがた自身を神に献げ、また、あなたがたの手足を義の道具として神に献げなさい」
　　　　　　　　　　　　　　　　　　　　　　（ローマ人への手紙6:13）

10) 毎日、福音を教え、宣べ伝えることをやめない

　　「そして毎日、宮や家々でイエスがキリストであると教え、宣べ伝えることをやめなかった」　　　　　　　　　　　　　（使徒の働き5:42）

11) 聖霊に満たされ、神のことばを大胆に語る

　　「彼らが祈り終えると、集まっていた場所が揺れ動き、一同は聖霊に満たされ、神のことばを大胆に語り出した」　　　　（使徒の働き4:31）
　　「ですから、あなたがたに次のことを教えておきます。神の御霊によって語る者はだれも『イエスは、のろわれよ』と言うことはなく、また、聖霊によるのでなければ、だれも『イエスは主です』と言うことはできませ

ん」
　　　　　　　　　　　　　　　　　　　　(コリント人への手紙第一12:3)

12) 神を信頼しながら、自分ができる労苦をする

「私が植えて、アポロが水を注ぎました。しかし、成長させたのは神です。ですから、大切なのは、植える者でも水を注ぐ者でもなく、成長させてくださる神です」
　　　　　　　　　　　　　　　　　　　　(コリント人への手紙第一3:6-7)

13) キリストの福音にふさわしく生活する

「ただキリストの福音にふさわしく生活しなさい。そうすれば、私が行ってあなたがたに会うにしても、離れているにしても、あなたがたについて、こう聞くことができるでしょう。あなたがたは霊を一つにして堅く立ち、福音の信仰のために心を一つにしてともに戦っていて……」
　　　　　　　　　　　　　　　　　　　　(ピリピ人への手紙1:27)

14) キリストの香りと手紙になる

「しかし、神に感謝します。神はいつでも、私たちをキリストによる凱旋の行列に加え、私たちを通してキリストを知る知識の香りを、いたるところで放ってくださいます。私たちは、救われる人々の中でも、滅びる人々の中でも、神に献げられた芳しいキリストの香りなのです」
　　　　　　　　　　　　　　　　　　　　(コリント人への手紙第二2:14-15)

「あなたがたが、私たちの奉仕の結果としてのキリストの手紙であることは、明らかです。それは、墨によってではなく生ける神の御霊によって、石の板にではなく人の心の板に書き記されたものです」
　　　　　　　　　　　　　　　　　　　　(コリント人への手紙第二3:3)

15) キリストを着る

「主イエス・キリストを着なさい。欲望を満たそうと、肉に心を用いてはいけません」
　　　　　　　　　　　　　　　　　　　　(ローマ人への手紙13:14)

「キリストにつくバプテスマを受けたあなたがたはみな、キリストを着たのです」
　　　　　　　　　　　　　　　　　　　　(ガラテヤ人への手紙3:27)

「ですから、あなたがたは神に選ばれた者、聖なる者、愛されている者として、深い慈愛の心、親切、謙遜、柔和、寛容を着なさい。互いに忍耐し合い、だれかがほかの人に不満を抱いたとしても、互いに赦し合いなさい。主があなたがたを赦してくださったように、あなたがたもそうしなさい。そして、これらすべての上に、愛を着けなさい。愛は結びの帯として完全です。キリストの平和が、あなたがたの心を支配するようにしなさい。そのために、あなたがたも召されて一つのからだとなったのです。また、感謝の心を持つ人になりなさい」 (コロサイ人への手紙3:12-15)

16) キリストのみことばが自分のうちに住むようにする。

「キリストのことばが、あなたがたのうちに豊かに住むようにしなさい。知恵を尽くして互いに教え、忠告し合い、詩と賛美と霊の歌により、感謝をもって心から神に向かって歌いなさい。ことばであれ行いであれ、何かをするときには、主イエスによって父なる神に感謝し、すべてを主イエスの名において行いなさい」 (コロサイ人への手紙3:16-17)

17) 収穫の時であることを覚え、働き手になる

「そこでイエスは弟子たちに言われた。『収穫は多いが、働き手が少ない。だから、収穫の主に、ご自分の収穫のために働き手を送ってくださるように祈りなさい」 (マタイの福音書9:37-38)

2. 伝道者の嘆息と感謝

　伝道者が福音を宣べ伝えるとき、痛みや迫害を経験することも、無視されることも、実が得られないときもあります。そのときでも宣教の主が共におられ、すべての状況を見てくださっていることを覚え、感謝の条件を探しながら続けて福音を証しすることが大切です。伝道者はイエスのように、伝道の実がほとんど得られない状況の中でも、福音を受け入れる子どもたちのことで神をほめたたえる信仰を持つべきです。イエスが力あるわざを数多く行いながら福音を宣べ伝えても、福音を受け入れない人はたくさんいました。イエスはその高慢

な心と不信仰を見て、彼らを責め始めました。

「それからイエスは、ご自分が力あるわざを数多く行った町々を責め始められた。彼らが悔い改めなかったからである。『ああ、コラジン。ああ、ベツサイダ。おまえたちの間で行われた力あるわざが、ツロとシドンで行われていたら、彼らはとうの昔に粗布をまとい、灰をかぶって悔い改めていたことだろう。おまえたちに言う。さばきの日には、ツロとシドンのほうが、おまえたちよりもさばきに耐えやすいのだ。カペナウム、おまえが天に上げられることがあるだろうか。よみにまで落とされるのだ。おまえのうちで行われた力あるわざがソドムで行われていたら、ソドムは今日まで残っていたことだろう。おまえたちに言う。さばきの日には、ソドムの地のほうが、おまえよりもさばきに耐えやすいのだ』」

(マタイの福音書11:20-24)

しかし、その状況の中でもイエスは感謝の条件を探し、福音を受け入れた子どもたちのことで神をほめたたえました。今日の伝道者たちも福音を宣べ伝えるとき、どんな結果であっても、感謝の条件と、福音を受け入れる子どもや疲れている人や重荷を負っている人を探して福音を宣べ伝える知恵が必要です。彼らの反応を見て、イエスのように神をほめたたえるとき、神は必ず豊かな恵みを注ぎ、伝道の実を与えてくださるでしょう。

「そのとき、イエスはこう言われた。『天地の主であられる父よ、あなたをほめたたえます。あなたはこれらのことを、知恵ある者や賢い者には隠して、幼子たちに現してくださいました。そうです、父よ、これはみこころにかなったことでした。すべてのことが、わたしの父からわたしに渡されています。父のほかに子を知っている者はなく、子と、子が父を現そうと心に定めた者のほかに、父を知っている者はだれもいません。すべて疲れた人、重荷を負っている人はわたしのもとに来なさい。わたしがあなたがたを休ませてあげます。わたしは心が柔和でへりくだっているから、あなたがたもわたしのくびきを負って、わたしから学びなさい。そうすれば、

たましいに安らぎを得ます。わたしのくびきは負いやすく、わたしの荷は軽いからです』」
(マタイの福音書11:25-30)

3. 伝道者が受ける報い

　神のみことばは、福音を宣べ伝える伝道者に尊い報いが約束されていることを明確に教えています。伝道者には神の国のいのちの書に自分の名前が記録されるだけではなく、永遠に続く報いが保証されています。これはなんと素晴らしい祝福でしょう。

1) 望みと喜びと誇りの冠を受ける

「私たちの主イエスが再び来られるとき、御前で私たちの望み、喜び、誇りの冠となるのは、いったいだれでしょうか。あなたがたではありませんか。あなたがたこそ私たちの栄光であり、喜びなのです」
(テサロニケ人への手紙第一2:19-20)

2) いのちの冠を受ける

「あなたが受けようとしている苦しみを、何も恐れることはない。見よ。悪魔は試すために、あなたがたのうちのだれかを牢に投げ込もうとしている。あなたがたは十日の間、苦難にあう。死に至るまで忠実でありなさい。そうすれば、わたしはあなたにいのちの冠を与える」(ヨハネの黙示録2:10)

3) 義の栄冠が用意されている

「私は勇敢に戦い抜き、走るべき道のりを走り終え、信仰を守り通しました。あとは、義の栄冠が私のために用意されているだけです。その日には、正しいさばき主である主が、それを私に授けてくださいます。私だけでなく、主の現れを慕い求めている人には、だれにでも授けてくださるのです」
(テモテへの手紙第二4:7-8)

4) 栄光の冠をいただく

「そうすれば、大牧者が現れるときに、あなたがたは、しぼむことのない栄光の冠をいただくことになります」 （ペテロの手紙第一5:4）

5) それぞれ行いに応じて報いを受ける

「見よ、わたしはすぐに来る。それぞれの行いに応じて報いるために、わたしは報いを携えて来る」 （ヨハネの黙示録22:12）

「植える者と水を注ぐ者は一つとなって働き、それぞれ自分の労苦に応じて自分の報酬を受けるのです」 （コリント人への手紙第一3:8）

「そういうわけで、肉体を住まいとしていても、肉体を離れていても、私たちが心から願うのは、主に喜ばれることです。私たちはみな、善であれ悪であれ、それぞれ肉体においてした行いに応じて報いを受けるために、キリストのさばきの座の前に現れなければならないのです」

（コリント人への手紙第二5:9-10）

6) 名が天に書き記される

「しかし、霊どもがあなたがたに服従することを喜ぶのではなく、あなたがたの名が天に書き記されていることを喜びなさい」 （ルカの福音書10:20）

「いのちの書に記されていない者はみな、火の池に投げ込まれた」

（ヨハネの黙示録20:15）

7) 星のように、太陽のように輝く

「賢明な者たちは大空の輝きのように輝き、多くの者を義に導いた者は、世々限りなく、星のようになる」 （ダニエル書12:3）

「そのとき、正しい人たちは彼らの父の御国で太陽のように輝きます。耳のある者は聞きなさい」 （マタイの福音書13:43）

8) 来たるべき世で永遠のいのちを受ける

「今この世で、迫害とともに、家、兄弟、姉妹、母、子ども、畑を百倍受

け、来たるべき世で永遠のいのちを受けます」　　　　（マルコの福音書10:30）

9) 天の父の前で認められる

「ですから、だれでも人々の前でわたしを認めるなら、わたしも、天におられるわたしの父の前でその人を認めます。しかし、人々の前でわたしを知らないと言う者は、わたしも、天におられるわたしの父の前で、その人を知らないと言います」　　　　（マタイの福音書10:32-33）

「あなたがたに言います。だれでも人々の前でわたしを認めるなら、人の子もまた、神の御使いたちの前でその人を認めます。しかし、人々の前でわたしを知らないと言う者は、神の御使いたちの前で知らないと言われます」　　　　（ルカの福音書12:8-9）

10) 御国を受け継ぐ

「何をするにも、人に対してではなく、主に対してするように、心から行いなさい。あなたがたは、主から報いとして御国を受け継ぐことを知っています。あなたがたは主キリストに仕えているのです」　　　　（コロサイ人への手紙3:23-24）

結　論

　伝道者は伝えるべき福音の内容も、福音を伝える方法も忠実に備える必要があります。同時に良い姿勢も必要です。何よりも良い姿勢は、いつもイエスだけを誇りと思うこと、キリストを着て自分の生き方を通してキリストを現すこと、キリストの愛で人々を自分と同じように愛することでしょう。また伝道者は福音を拒む人を見て失望してはいけません。そのときでも福音を受け入れる人を探し、彼らに福音を宣べ伝え、神をほめたたえるべきです。いつまでも続く神の素晴らしい報いが保証されていることを覚え、確信と希望を持って絶えず福音を宣べ伝えることが大切です。

　「神の御前で、また、生きている人と死んだ人をさばかれるキリスト・イ

第6課　伝道者の姿勢と伝道者が受ける報い

ェスの御前で、その現れとその御国を思いながら、私は厳かに命じます。みことばを宣べ伝えなさい。時が良くても悪くてもしっかりやりなさい。忍耐の限りを尽くし、絶えず教えながら、責め、戒め、また勧めなさい。というのは、人々が健全な教えに耐えられなくなり、耳に心地よい話を聞こうと、自分の好みにしたがって自分たちのために教師を寄せ集め、真理から耳を背け、作り話にそれて行くような時代になるからです。けれども、あなたはどんな場合にも慎んで、苦難に耐え、伝道者の働きをなし、自分の務めを十分に果たしなさい」　　　　　　　　（テモテへの手紙第二4:1-5)

第7課　社会生活と福音伝道

序　　論

　キリスト者は、社会（この世）の中で、どんな心構えで生きるべきでしょうか。この問題を正しく理解すれば、社会を見る姿勢が変わるようになります。キリスト者は、社会の中で自分のアイデンティティ（identity）を持つべきです。教会（キリスト者）は、社会と深い関係を持っています。それは、教会が社会の中に存在し、働き、主から頂いた使命を果たしているからです。社会（society）とは、人間が集まって一緒に生活を営む集団、同類の仲間、世の中です。すなわち、家庭、学校、市民運動、世間（the world）等です。イエスを救い主、神として信じている者の集まりである教会は、この社会に福音を宣べ伝え、キリストの愛を証しするために神から召されている信仰と使命の共同体です。キリスト者は、主から頂いた使命を果たすためにこの社会を正しく理解する必要があります。そのとき、社会の中で生活を通して、福音を証しすることができるようになるでしょう。

1. 社会（この世）に対するキリスト者の姿勢

1) 逃避する姿勢（反対、対立の立場）

　これは、この世は悪であるという観点から出てきた誤った姿勢です。この姿勢ではこの社会に出て福音を証しするより、逃避するようになるでしょう。

> 「それは、この世の淫らな者、貪欲な者、奪い取る者、偶像を拝む者と、いっさい付き合わないようにという意味ではありません。そうだとしたら、この世から出て行かなければならないでしょう」
>
> （コリント人への手紙第一5:10）

2) 妥協する姿勢（仲裁の立場）

　これは、この世にも仕え、神にも仕える姿勢であり、二人の主人に仕える姿

勢です。この姿勢では、この社会に出ていって喜んで福音を証しすることは、難しくなるでしょう。この世と妥協しているので、キリスト者としての自分の明確なアイデンティティを表すことも難しくなるでしょう。

> 「だれも二人の主人に仕えることはできません。一方を憎んで他方を愛することになるか、一方を重んじて他方を軽んじることになります。あなたがたは神と富とに仕えることはできません」　　　　　（マタイの福音書6:24）
> 「兄弟たち。私はあなたがたに、御霊に属する人に対するようには語ることができずに、肉に属する人、キリストにある幼子に対するように語りました。私はあなたがたには乳を飲ませ、固い食物を与えませんでした。あなたがたには、まだ無理だったからです。実は、今でもまだ無理なのです。あなたがたは、まだ肉の人だからです。あなたがたの間にはねたみや争いがあるのですから、あなたがたは肉の人であり、ただの人として歩んでいることにならないでしょうか」　　　　　（コリント人への手紙第一3:1-3）
> 「節操のない者たち。世を愛することは神に敵対することだと分からないのですか。世の友となりたいと思う者はだれでも、自分を神の敵としているのです」　　　　　（ヤコブの手紙4:4）
> 「あなたがたは世も世にあるものも、愛してはいけません。もしだれかが世を愛しているなら、その人のうちに御父の愛はありません。すべて世にあるもの、すなわち、肉の欲、目の欲、暮らし向きの自慢は、御父から出るものではなく、世から出るものだからです」　　　　　（ヨハネの手紙第一2:15-16）

3) 征服する姿勢（改革の立場）

　この世にいるがこの世のものではなく、主に属して生きる姿勢です。これは、この世で聖別された生き方（separated life）を通して、この社会に良い影響を与え、この社会を改革していく正しい姿勢です。この姿勢を持つとき、福音のための良い証し人として用いられるようになります。

> 「あなたがたは地の塩です。もし塩が塩気をなくしたら、何によって塩気をつけるのでしょうか。もう何の役にも立たず、外に投げ捨てられ、人々

に踏みつけられるだけです。あなたがたは世の光です。山の上にある町は隠れることができません。また、明かりをともして升の下に置いたりはしません。燭台の上に置きます。そうすれば、家にいるすべての人を照らします。このように、あなたがたの光を人々の前で輝かせなさい。人々があなたがたの良い行いを見て、天におられるあなたがたの父をあがめるようになるためです」
（マタイの福音書5:13-16）

「もしあなたがたがこの世のものであったら、世は自分のものを愛したでしょう。しかし、あなたがたは世のものではありません。わたしが世からあなたがたを選び出したのです。そのため、世はあなたがたを憎むのです」
（ヨハネの福音書15:19）

「これらのことをあなたがたに話したのは、あなたがたがわたしにあって平安を得るためです。世にあっては苦難があります。しかし、勇気を出しなさい。わたしはすでに世に勝ちました」
（ヨハネの福音書16:33）

「あなたが世から選び出して与えてくださった人たちに、わたしはあなたの御名を現しました。彼らはあなたのものでしたが、あなたはわたしに委ねてくださいました。そして彼らはあなたのみことばを守りました」
（ヨハネの福音書17:6）

「わたしは彼らにあなたのみことばを与えました。世は彼らを憎みました。わたしがこの世のものでないように、彼らもこの世のものではないからです。……わたしがこの世のものでないように、彼らもこの世のものではありません。……あなたがわたしを世に遣わされたように、わたしも彼らを世に遣わしました」
（ヨハネの福音書17:14、16、18）

「この世と調子を合わせてはいけません。むしろ、心を新たにすることで、自分を変えていただきなさい。そうすれば、神のみこころは何か、すなわち、何が良いことで、神に喜ばれ、完全であるのかを見分けるようになります」
（ローマ人への手紙12:2）

キリスト者には、この社会の中で、世界を照らす光の役割、地の腐敗を防ぐ塩の役割を忠実に果たす使命があります。この世と妥協しないで、この使命を真実に果たしていくとき、社会は静かに変わっていくでしょう。そして教会が、

世に良い影響を与えていくことになります。この社会に宣教の門が広く開かれ、多くの人々に福音を告げ知らせるようになるでしょう。特に自分の家族、仲間、友人、知人に福音を証しする機会が増え、すべての民に好意を持たれるようになるでしょう。

2. 社会（この世）とこの時代の意味

1) この世は神によって造られた世界であり、私たちが住むところ

　主への信仰と希望と愛をもって、勇敢に生活しなければならないところです。

　　「信仰によって、私たちは、この世界が神のことばで造られたことを悟り、その結果、見えるものが、目に見えるものからできたのではないことを悟ります」
　　　　　　　　　　　　　　　　　　　　　　　（ヘブル人への手紙11:3）
　　「わたしはもう世にいなくなります。彼らは世にいますが、わたしはあなたのもとに参ります。聖なる父よ、わたしに下さったあなたの御名によって、彼らをお守りください。わたしたちと同じように、彼らが一つになるためです」
　　　　　　　　　　　　　　　　　　　　　　　（ヨハネの福音書17:11）

2) この世はサタンの支配下にあるため、霊的な戦いがあるところ

　この世で信仰を守り、証しするとき、激しい戦いも、苦しみも、迫害もあります。勝利のためには、いつもみことば中心の生活、祈りの生活、聖霊に満たされる生活が大切です。

　　「私たちは神に属していますが、世全体は悪い者の支配下にあることを、私たちは知っています」
　　　　　　　　　　　　　　　　　　　　　　　（ヨハネの手紙第一5:19）
　　「私たちの格闘は血肉に対するものではなく、支配、力、この暗闇の世界の支配者たち、また天上にいるもろもろの悪霊に対するものです」
　　　　　　　　　　　　　　　　　　　　　　　（エペソ人への手紙6:12）

3) 曲がった時代、姦淫と罪、悪と欲の時代

　この世には、どこに行っても罪と悪があふれているので、誘惑、試みがあります。この世の流れに従わないで、神の民として明確なアイデンティティを持って神中心に生きるためには、この世で愛するべきものと愛してはいけないものとを区別することが大切です。

　　「ペテロは、ほかにも多くのことばをもって証しをし、『この曲がった時代から救われなさい』と言って、彼らに勧めた」　　　　　（使徒の働き2:40）
　　「だれでも、このような姦淫と罪の時代にあって、わたしとわたしのことばを恥じるなら、人の子も、父の栄光を帯びて聖なる御使いたちとともに来るとき、その人を恥じます」　　　　　　　　（マルコの福音書8:38）
　　「あなたがたは世も世にあるものも、愛してはいけません。もしだれかが世を愛しているなら、その人のうちに御父の愛はありません。すべて世にあるもの、すなわち、肉の欲、目の欲、暮らし向きの自慢は、御父から出るものではなく、世から出るものだからです」　（ヨハネの手紙第一2:15-16）

4) この世は、神の愛と救いの対象である人々が住んでいるところ

　この世の人々は、神の愛と救いの対象です。神は、すべての人々が悔い改めて救われることを、切に願っておられます。私たちは神の愛とキリストの心をもって、この世の人々を愛し、彼らの救いのために福音を宣べ伝える使命があります。

　　「このように、この小さい者たちの一人が滅びることは、天におられるあなたがたの父のみこころではありません」　　　　（マタイの福音書18:14）
　　「神は、実に、そのひとり子をお与えになったほどに世を愛された。それは御子を信じる者が、一人として滅びることなく、永遠のいのちを持つためである。神が御子を世に遣わされたのは、世をさばくためではなく、御子によって世が救われるためである」　　　　（ヨハネの福音書3:16-17）
　　「神は、すべての人が救われて、真理を知るようになることを望んでおら

れます」 (テモテへの手紙第一2:4)

「主は、ある人たちが遅れていると思っているように、約束したことを遅らせているのではなく、あなたがたに対して忍耐しておられるのです。だれも滅びることがなく、すべての人が悔い改めに進むことを望んでおられるのです」 (ペテロの手紙第二3:9)

「彼らにこう言え。『わたしは生きている ── **神**である主のことば ──。わたしは決して悪しき者の死を喜ばない。悪しき者がその道から立ち返り、生きることを喜ぶ。立ち返れ。悪の道から立ち返れ。イスラエルの家よ、なぜ、あなたがたは死のうとするのか』」 (エゼキエル書33:11)

5) この世は、神の民が福音を証しするために遣わされているところ

患難と誘惑、サタンの攻撃と試みなど、いろいろな問題があっても、この世は私たちが福音を証しするところであり、福音のために神から遣わされた場所でもあります。

「それから、イエスは彼らに言われた。『全世界に出て行き、すべての造られた者に福音を宣べ伝えなさい』」 (マルコの福音書16:15)

「あなたがわたしを世に遣わされたように、わたしも彼らを世に遣わしました」 (ヨハネの福音書17:18)

「イエスは再び彼らに言われた。『平安があなたがたにあるように。父がわたしを遣わされたように、わたしもあなたがたを遣わします』」 (ヨハネの福音書20:21)

6) この世は、良い生き方を通して神の栄光を表すところ

この世と社会は、いろいろなことがあっても、私たちが生活するところです。自分自身を神に、聖なる生きたささげ物としてささげるところです。神のみこころを知り、行うところです。良い生き方を通して、神の栄光（ご性質）を表すところです。神の前に立つために自分自身を訓練するところです。

「このように、あなたがたの光を人々の前で輝かせなさい。人々があなた

がたの良い行いを見て、天におられるあなたがたの父をあがめるようになるためです」
（マタイの福音書5:16）

「ですから、兄弟たち、私は神のあわれみによって、あなたがたに勧めます。あなたがたのからだを、神に喜ばれる、聖なる生きたささげ物として献げなさい。それこそ、あなたがたにふさわしい礼拝です。この世と調子を合わせてはいけません。むしろ、心を新たにすることで、自分を変えていただきなさい。そうすれば、神のみこころは何か、すなわち、何が良いことで、神に喜ばれ、完全であるのかを見分けるようになります」
（ローマ人への手紙12:1-2）

「あなたがたは、代価を払って買い取られたのです。ですから、自分のからだをもって神の栄光を現しなさい」　　（コリント人への手紙第一6:20）

「こういうわけで、あなたがたは、食べるにも飲むにも、何をするにも、すべて神の栄光を現すためにしなさい」　　（コリント人への手紙第一10:31）

3. 職場と仲間に対するキリスト者の姿勢

　職場は、神から遣わされる大切なところです。神の栄光（ご性質）を現すところです。良い行いを通して仲間に主を証しするところです。神の愛と福音を仲間に宣べ伝えるところです。キリスト者は、このような使命を職場で共に働いている仲間に果たすために、彼らの前で良い姿勢を現すことが大切です。キリストの代わりに生きる生き方が大切です。

1) 良い行いを現すこと

「このように、あなたがたの光を人々の前で輝かせなさい。人々があなたがたの良い行いを見て、天におられるあなたがたの父をあがめるようになるためです」
（マタイの福音書5:16）

2) 人々の救いのために自分の権利を十分に用いないこと

「では、私にどんな報いがあるのでしょう。それは、福音を宣べ伝えるときに無報酬で福音を提供し、福音宣教によって得る自分の権利を用いない、

ということです」　　　　　　　　　　　　　（コリント人への手紙第一9:18)

3) 人々の救いのためにすべての人の奴隷になること

「私はだれに対しても自由ですが、より多くの人を獲得するために、すべての人の奴隷になりました」　　　　　　　　　（コリント人への手紙第一9:19)

4) 人々の救いのために相手と同じようになること

「ユダヤ人にはユダヤ人のようになりました。ユダヤ人を獲得するためです。律法の下にある人たちには —— 私自身は律法の下にはいませんが —— 律法の下にある者のようになりました。律法の下にある人たちを獲得するためです。……弱い人たちには、弱い者になりました。弱い人たちを獲得するためです。すべての人に、すべてのものとなりました。何とかして、何人かでも救うためです」　　　　　（コリント人への手紙第一9:20、22)

5) すべてのことを福音のためにする姿勢

「私は福音のためにあらゆることをしています。私も福音の恵みをともに受ける者となるためです」　　　　　　　　　（コリント人への手紙第一9:23)

6) 働き人は主に仕えるように経営者に善意をもって仕えること

「奴隷たちよ。キリストに従うように、恐れおののいて真心から地上の主人に従いなさい。ご機嫌取りのような、うわべだけの仕え方ではなく、キリストのしもべとして心から神のみこころを行い、人にではなく主に仕えるように、喜んで仕えなさい」　　　　　　　　　　（エペソ人への手紙6:5-7)

7) 経営者は働き人を脅してはいけないこと

「主人たちよ。あなたがたも奴隷に対して同じようにしなさい。脅すことはやめなさい。あなたがたは、彼らの主、またあなたがたの主が天におられ、主は人を差別なさらないことを知っているのです」

（エペソ人への手紙6:9)

8) すべてのことにおいて徳を立てること

「最後に、兄弟たち。すべて真実なこと、すべて尊ぶべきこと、すべて正しいこと、すべて清いこと、すべて愛すべきこと、すべて評判の良いことに、また、何か徳とされることや称賛に値することがあれば、そのようなことに心を留めなさい」　　　　　　　　　　　（ピリピ人への手紙4:8）

9) 上の人にはうわべだけの仕え方ではなく、心から従う姿勢で

「奴隷たちよ、すべてのことについて地上の主人に従いなさい。人のご機嫌取りのような、うわべだけの仕え方ではなく、主を恐れつつ、真心から従いなさい」　　　　　　　　　　　　　　　　（コロサイ人への手紙3:22）

10) 何をするにも主に対してするように心からすること

「何をするにも、人に対してではなく、主に対してするように、心から行いなさい」　　　　　　　　　　　　　　　　　　（コロサイ人への手紙3:23）

　社会（この世）でのキリスト者の使命は、大きく二つあります。それは、社会奉仕と福音伝道です。キリスト者がこの世で社会奉仕と福音伝道を忠実に行うためには必ず良い姿勢が大切です。キリスト者が良い姿勢をもってこの二つの使命をこの世で忠実に果たしていくとき、地の塩、世の光として輝くようになり、仲間を主に導く霊的な喜びが主から与えられるでしょう。

4. 社会に良い影響力を与えるキリスト者

　キリスト者が家族、職場の仲間、友人、知人、毎日接している人々に対してキリストの愛と心をもって、忠実に、真実に、謙遜に、勇敢に生活すれば彼らに良い影響力を与えるようになるでしょう。良い影響力は、福音伝道の門が開かれる見えない環境を備えてくれるでしょう。

1) 良い行いを通して影響力を与える

さまざまな奉仕活動、孤独な人の友になることなど
2）健全な市民運動を通して影響力を与える
　　　自然保護運動、ゴスペルを歌う会など
3）正しい倫理運動を通して影響力を与える
　　　いのちを守る運動、読書会など
4）人材育成を通して影響力を与える
　　　クリスチャン政治家、医者、公務員、事業家などを育てることなど
5）教会成長を通して影響力を与える
　　　地域の文化活動、子育て、政治、病院、福祉施設などに影響を与えることなど
6）一人の正しい生き方は、社会に大きな影響力を与える
　　　ダニエル、ヨセフ、パウロの生き方は、多くの人々に良い影響力を与えた

結　論

　教会であるキリスト者は、社会、この世に神から遣わされています。遣わされたことは、使命があるしるしです。福音を証しする使命、神の栄光（ご性質）を現す使命、この社会に良い影響力を与える使命などがあります。この使命を果たすためには、キリスト者は教会の中だけではなく、社会の中でも、キリスト者として明確なアイデンティティをもって、キリストの代わりに生きるべきです。そのとき、この世で何があっても、失望しないで勇敢に福音を証ししながら生きるようになります。これが、キリスト者がこの社会に存在する理由であり、目的であり、アイデンティティです。

　　「いいですか。わたしは狼の中に羊を送り出すようにして、あなたがたを遣わします。ですから、蛇のように賢く、鳩のように素直でありなさい」
　　　　　　　　　　　　　　　　　　　　　　　　　（マタイの福音書10:16）
　　「このようにキリストに仕える人は、神に喜ばれ、人々にも認められるのです」
　　　　　　　　　　　　　　　　　　　　　　　　（ローマ人への手紙14:18）

第 8 課　生活伝道

序　論

　生活伝道とは、伝道者が知っている友人、知人、家族、親戚、隣人にキリストの愛を示し、彼らと良い関係を作り、生活を通して彼らをキリストに導くことです。相手と良い関係を作るためには、時間も愛も、仕える姿勢も、労力も必要です。生活伝道のためには伝道者自身の生活と人格が何よりも大切でしょう。生活と人格に問題があれば、その人を知っている人がその人の宣べ伝える福音を受け入れる可能性はほとんどないでしょう。しかしいつも接している人々と良い関係、信頼関係を持ち、自分の生活を通して彼らに良い行いを示しながら福音を証しすれば、相手は心の門を開いて福音を聞いてくれるでしょう。

1. 良い関係、信頼関係を持つ生き方

　生活伝道は、知らない人にではなく、知っている人に福音を宣べ伝えることを大切にします。伝道者が知っている人に福音を証しするためには、普段から彼らと良い関係、信頼関係を持つようにしなければなりません。良い関係は自然に与えられるものではありません。良い関係を持つためには絶え間なく努力し、愛と仕える生き方、良い行いを示すことが大切です。

>　「このように、あなたがたの光を人々の前で輝かせなさい。人々があなたがたの良い行いを見て、天におられるあなたがたの父をあがめるようになるためです」
>　　　　　　　　　　　　　　　　　　　　　　　　（マタイの福音書5:16）
>　「『あなたは心を尽くし、いのちを尽くし、知性を尽くし、力を尽くして、あなたの神、主を愛しなさい。』第二の戒めはこれです。『あなたの隣人を自分自身のように愛しなさい。』これらよりも重要な命令は、ほかにありません」
>　　　　　　　　　　　　　　　　　　　　　　　（マルコの福音書12:30-31）
>　「愛には偽りがあってはなりません。悪を憎み、善から離れないようにしなさい。兄弟愛をもって互いに愛し合い、互いに相手をすぐれた者として尊敬し合いなさい。勤勉で怠らず、霊に燃え、主に仕えなさい。望みを抱

いて喜び、苦難に耐え、ひたすら祈りなさい。聖徒たちの必要をともに満たし、努めて人をもてなしなさい。あなたがたを迫害する者たちを祝福しなさい。祝福すべきであって、呪ってはいけません。喜んでいる者たちとともに喜び、泣いている者たちとともに泣きなさい。互いに一つ心になり、思い上がることなく、むしろ身分の低い人たちと交わりなさい。自分を知恵のある者と考えてはいけません。だれに対しても悪に悪を返さず、すべての人が良いと思うことを行うように心がけなさい。自分に関することについては、できる限り、すべての人と平和を保ちなさい。愛する者たち、自分で復讐してはいけません。神の怒りにゆだねなさい。こう書かれているからです。『復讐はわたしのもの。わたしが報復する。』主はそう言われます。次のようにも書かれています。『もしあなたの敵が飢えているなら食べさせ、渇いているなら飲ませよ。なぜなら、こうしてあなたは彼の頭上に燃える炭火を積むことになるからだ。』悪に負けてはいけません。むしろ、善をもって悪に打ち勝ちなさい」　　　　　（ローマ人への手紙12:9-21)

「異邦人の中にあって立派にふるまいなさい。そうすれば、彼らがあなたがたを悪人呼ばわりしていても、あなたがたの立派な行いを目にして、神の訪れの日に神をあがめるようになります」　　　　　（ペテロの手紙第一2:12)

「子どもたち。私たちは、ことばや口先だけではなく、行いと真実をもって愛しましょう」　　　　　（ヨハネの手紙第一3:18)

2. 生活伝道のために伝道者が持つべき習慣

　生活伝道のためには伝道者の善行が必要です。伝道者の人格と良い行いは人々の視線と関心をキリストに向けさせます。福音を口だけではなく良い人格と行いと愛を通して伝えるとき、より大きい効果があります。

「善を行い、立派な行いに富み、惜しみなく施し、喜んで分け与え、来たるべき世において立派な土台となるものを自分自身のために蓄え、まことのいのちを得るように命じなさい」　　　　　（テモテへの手紙第一6:18-19)

1) 誰に会っても親切に挨拶する

　「すると見よ、イエスが『おはよう』と言って彼女たちの前に現れた。彼女たちは近寄ってその足を抱き、イエスを拝した」　（マタイの福音書28:9）
　「私の同労者テモテ、また私の同胞、ルキオとヤソンとソシパテロが、あなたがたによろしくと言っています。この手紙を筆記した私テルティオも、主にあってあなたがたにごあいさつ申し上げます。私と教会全体の家主であるガイオも、あなたがたによろしくと言っています。市の会計係エラストと兄弟クアルトもよろしくと言っています」　（ローマ人への手紙16:21-23）
　「あなたがたのすべての指導者たち、また、すべての聖徒たちによろしく。イタリアから来た人たちが、あなたがたによろしくと言っています」
　　　　　　　　　　　　　　　　　　　　　　　　（ヘブル人への手紙13:24）

2) 人々と良いものを分け合う

　「善を行い、立派な行いに富み、惜しみなく施し、喜んで分け与え……」
　　　　　　　　　　　　　　　　　　　　　　　　（テモテへの手紙第一6:18）
　「善を行うことと、分かち合うことを忘れてはいけません。そのようなけにえを、神は喜ばれるのです」　（ヘブル人への手紙13:16）

3) 相手に優しく話しかける

　「悪いことばを、いっさい口から出してはいけません。むしろ、必要なときに、人の成長に役立つことばを語り、聞く人に恵みを与えなさい」
　　　　　　　　　　　　　　　　　　　　　　　　（エペソ人への手紙4:29）
　「また、わいせつなことや、愚かなおしゃべり、下品な冗談もそうです。これらは、ふさわしくありません。むしろ、口にすべきは感謝のことばです」　（エペソ人への手紙5:4）
　「あなたがたのことばが、いつも親切で、塩味の効いたものであるようにしなさい。そうすれば、一人ひとりにどのように答えたらよいかが分かります」　（コロサイ人への手紙4:6）

4) 時間を備えて人々に仕える

「主であり、師であるこのわたしが、あなたがたの足を洗ったのであれば、あなたがたもまた、互いに足を洗い合わなければなりません。わたしがあなたがたにしたとおりに、あなたがたもするようにと、あなたがたに模範を示したのです」　　　　　　　　　　　　　　　　　　（ヨハネの福音書13:14-15）

5) 日々の生活の中で伝道する機会を探す

「みことばを宣べ伝えなさい。時が良くても悪くてもしっかりやりなさい。忍耐の限りを尽くし、絶えず教えながら、責め、戒め、また勧めなさい」
　　　　　　　　　　　　　　　　　　　　　　　　　　（テモテへの手紙第二4:2）

「むしろ、心の中でキリストを主とし、聖なる方としなさい。あなたがたのうちにある希望について説明を求める人には、だれにでも、いつでも弁明できる用意をしていなさい」　　　　　　　　　　　　（ペテロの手紙第一3:15）

6) 愛と忍耐をもって相手に接する

「あなたがたが神のみこころを行って、約束のものを手に入れるために必要なのは、忍耐です」　　　　　　　　　　　　　　（ヘブル人への手紙10:36）

3. 生活伝道と身体の関係

　生活伝道のためには相手と良い関係、信頼関係を持つことが何よりも大切です。相手と良い関係を持つためには、自分の身体の各部分が神によって造られた計画、目的を正しく理解しなければなりません。自分の各部分が正しく用いられるとき、相手との良い関係という祝福が与えられるでしょう。神のみことばである聖書は身体の各部分が造られた目的を具体的に教えています。また、伝道者が持つべき心の姿勢も明確に示しています。

　「その群衆を見て、イエスは山に登られた。そして腰を下ろされると、みもとに弟子たちが来た。そこでイエスは口を開き、彼らに教え始められた。

『心の貧しい者は幸いです。天の御国はその人たちのものだからです。悲しむ者は幸いです。その人たちは慰められるからです。柔和な者は幸いです。その人たちは地を受け継ぐからです。義に飢え渇く者は幸いです。その人たちは満ち足りるからです。あわれみ深い者は幸いです。その人たちはあわれみを受けるからです。心のきよい者は幸いです。その人たちは神を見るからです。平和をつくる者は幸いです。その人たちは神の子どもと呼ばれるからです。義のために迫害されている者は幸いです。天の御国はその人たちのものだからです』」

(マタイの福音書5:1-10)

「終わりに言います。主にあって、その大能の力によって強められなさい。悪魔の策略に対して堅く立つことができるように、神のすべての武具を身に着けなさい。私たちの格闘は血肉に対するものではなく、支配、力、この暗闇の世界の支配者たち、また天上にいるもろもろの悪霊に対するものです。ですから、邪悪な日に際して対抗できるように、また、一切を成し遂げて堅く立つことができるように、神のすべての武具を取りなさい。そして、堅く立ちなさい。腰には真理の帯を締め、胸には正義の胸当てを着け、足には平和の福音の備えをはきなさい。これらすべての上に、信仰の盾を取りなさい。それによって、悪い者が放つ火矢をすべて消すことができます。救いのかぶとをかぶり、御霊の剣、すなわち神のことばを取りなさい。あらゆる祈りと願いによって、どんなときにも御霊によって祈りなさい。そのために、目を覚ましていて、すべての聖徒のために、忍耐の限りを尽くして祈りなさい。また、私のためにも、私が口を開くときに語るべきことばが与えられて、福音の奥義を大胆に知らせることができるように、祈ってください。私はこの福音のために、鎖につながれながらも使節の務めを果たしています。宣べ伝える際、語るべきことを大胆に語れるように、祈ってください」

(エペソ人への手紙6:10-20)

● 頭:福音を知る

「――この福音は、神がご自分の預言者たちを通して、聖書にあらかじめ約束されたもので、御子に関するものです。御子は、肉によればダビデの子孫から生まれ、聖なる霊によれば、死者の中からの復活により、力ある

神の子として公に示された方、私たちの主イエス・キリストです」
(ローマ人への手紙1:2-4)

- 目：絶えず目をさまして祈る

「あらゆる祈りと願いによって、どんなときにも御霊によって祈りなさい。そのために、目を覚ましていて、すべての聖徒のために、忍耐の限りを尽くして祈りなさい」
(エペソ人への手紙6:18)

- 耳：主のことばを聞く

「まことに、まことに、あなたがたに言います。わたしのことばを聞いて、わたしを遣わされた方を信じる者は、永遠のいのちを持ち、さばきにあうことがなく、死からいのちに移っています」
(ヨハネの福音書5:24)

- 口：主の御名を呼び、福音を説明、弁明する

「『主の御名を呼び求める者はみな救われる』のです」
(ローマ人への手紙10:13)

「むしろ、心の中でキリストを主とし、聖なる方としなさい。あなたがたのうちにある希望について説明を求める人には、だれにでも、いつでも弁明できる用意をしていなさい」
(ペテロの手紙第一3:15)

- 心：キリストを主として信じ、あがめる

「なぜなら、もしあなたの口でイエスを主と告白し、あなたの心で神はイエスを死者の中からよみがえらせたと信じるなら、あなたは救われるからです。人は心に信じて義と認められ、口で告白して救われるのです」
(ローマ人への手紙10:9-10)

- 胸：神の性質を覚える
- 腰：真理（みことば）に堅く立つ

「そして、堅く立ちなさい。腰には真理の帯を締め、胸には正義の胸当てを着け……」
(エペソ人への手紙6:14)

- 手：正しい生き方を表す

 「また、あなたがたの手足を不義の道具として罪に献げてはいけません。むしろ、死者の中から生かされた者としてあなたがた自身を神に献げ、また、あなたがたの手足を義の道具として神に献げなさい」

（ローマ人への手紙6:13）

- 足：良い知らせを伝えるために歩く

 「良い知らせを伝える人の足は、山々の上にあって、なんと美しいことか。平和を告げ知らせ、幸いな良い知らせを伝え、救いを告げ知らせ、『あなたの神は王であられる』とシオンに言う人の足は」　　　　（イザヤ書52:7）

 「遣わされることがなければ、どのようにして宣べ伝えるのでしょうか。『なんと美しいことか、良い知らせを伝える人たちの足は』と書いてあるようにです」

（ローマ人への手紙10:15）

4. 生活伝道のための準備

「しかし、神に感謝します。神はいつでも、私たちをキリストによる凱旋の行列に加え、私たちを通してキリストを知る知識の香りを、いたるところで放ってくださいます。私たちは、救われる人々の中でも、滅びる人の中でも、神に献げられた芳しいキリストの香りなのです」

（コリント人への手紙第二2:14-15、キリストの香り）

1) 相手と良い関係を作る ── 挨拶、笑顔、お茶を飲む、食事、スポーツ
2) 相手の話をよく聞く ── 老人施設のボランティア、自己紹介
3) 相手に関心を持つ ── 誕生日、手紙
4) 相手の感情に共感する ── 葬儀の遺族
5) 相手の必要に応じて手を伸ばす ── 病んでいる人を訪ねる、赤ちゃんの世話
6) 相手の良いところを発見して励ます

7）いつでも自分の証しができるように備える ── 相手の質問に答える
8）相手に礼儀正しく接する
9）家族、親戚、友人、知人の冠婚葬祭に参加して喜怒哀楽を分け合う
10）その他

結　論

　伝道者が友人、知人、隣人と良い関係を持っていれば、伝道する機会が必ず与えられるでしょう。個人伝道も、伝道集会に招くこともできるでしょう。相手と良い関係を結ぶためには、自分の身体とその各部分が造られた目的を正しく理解し、その目的のとおりに歩む知恵と人格が必要です。そのとき、良い関係は与えられるでしょう。

　　「私のいのち　主に捧げます／ただ主の愛に／満たしてください……私の手足　主にならいます／この声は……私の口は……私の意志を……私の愛を……」　　　　　　　　　　　　　　　　　　　（『教会福音讃美歌』454番）

　　「異邦人の中にあって立派にふるまいなさい。そうすれば、彼らがあなたがたを悪人呼ばわりしていても、あなたがたの立派な行いを目にして、神の訪れの日に神をあがめるようになります」　　　　（ペテロの手紙第一2:12）

第 9 課　福音伝道の内容

序　論

　福音を宣べ伝える人は、福音の内容を明確に知る必要があります。人々に伝える基本的な福音の内容は人間に対する神の愛、神に対する人間の罪、神が備えた救いの道、救いの条件です。また救われた人には、信仰成長のための生き方を具体的に教えるべきです。

1. 神の愛 ── 祝福の対象であり最高の被造物である人間

　人間は神によって造られた被造物の中でいちばん素晴らしい存在です。神は初めから人間に繁栄の祝福、地と海の魚、空の鳥、すべての生き物を管理支配する祝福を与えてくださいました。人間の幸福と祝福のために家庭制度、安息日制度、勤労制度も与えてくださいました。また、神はエデンの園の中央に善悪の知識の木を置いて、アダムに一つの規定として「その木からは、食べてはならない。その木から食べるとき、あなたは必ず死ぬ」と言われました。このような祝福と規定は人間に対する神の無限の愛であり、信頼です。人間をご自分の作品として非常に喜んでいるしるしです。人間に対するこの神の愛と祝福を覚えながら、伝道する相手に、今も人間は神の愛と祝福の対象であると説明する必要があります。

>　「はじめに神が天と地を創造された」　　　　　　　　　　　（創世記1:1）
>　「神は人をご自身のかたちとして創造された。神のかたちとして人を創造し、男と女に彼らを創造された。神は彼らを祝福された。神は彼らに仰せられた。『生めよ。増えよ。地に満ちよ。地を従えよ。海の魚、空の鳥、地の上を這うすべての生き物を支配せよ。』神は仰せられた。『見よ。わたしは、地の全面にある、種のできるすべての草と、種の入った実のあるすべての木を、今あなたがたに与える。あなたがたにとってそれは食物となる。また、生きるいのちのある、地のすべての獣、空のすべての鳥、地の上を這うすべてのもののために、すべての緑の草を食物として与える。』

すると、そのようになった。神はご自分が造ったすべてのものを見られた。見よ、それは非常に良かった。夕があり、朝があった。第六日」

(創世記1:27-31)

「実に、私たちは神の作品であって、良い行いをするためにキリスト・イエスにあって造られたのです。神は、私たちが良い行いに歩むように、その良い行いをあらかじめ備えてくださいました」　　(エペソ人への手紙2:10)

2. 神に対する人間の罪 ── 神からの分離

　人類の代表であるアダムとエバが神の規定を破る不従順の罪を犯すことによって、神との正しい関係、愛と信頼の関係が破壊され、二人は幸福の園であるエデンから追い出され、神から分離されました。代表であるアダムとエバが罪を犯すことによって、彼らの子孫も自分の意思と関係なしに罪の影響を受け、罪性を持って生まれるようになりました。この罪を原罪と言います。この原罪によって神との信頼関係が破壊されたので、人間は自分の力と努力で神と交わりを持つことができなくなりました。神との交わりが断たれたことは何よりもつらい罰でしょう。人間はいのちの根源である神から離れ、愛と義なる神から断たれることによって、神が喜ばれる善にではなく、悪に走るようになりました。その罪の結果、人間には死とすべての不幸の原因である数々の罪が入り、死後には神の審判を受けることになりました。神に対する人間の罪を覚えながら、伝道する相手には、生まれながらの人間は罪のゆえに必ず死ぬことと、死後には神の審判があることを説明する必要があります。

「すべての人は罪を犯して、神の栄光を受けることができず……」

(ローマ人への手紙3:23)

「こういうわけで、ちょうど一人の人によって罪が世界に入り、罪によって死が入り、こうして、すべての人が罪を犯したので、死がすべての人に広がったのと同様に──」

(ローマ人への手紙5:12)

「罪の報酬は死です。しかし神の賜物は、私たちの主キリスト・イエスにある永遠のいのちです」

(ローマ人への手紙6:23)

「イエスは、ほかの大祭司たちのように、まず自分の罪のために、次に民の罪のために、毎日いけにえを献げる必要はありません。イエスは自分自身を献げ、ただ一度でそのことを成し遂げられたからです」

(ヘブル人への手紙7:27)

3. 神が備えた救いの道——キリスト

　神は人々が罪を犯したにもかかわらず、変わらない愛をもって彼らをその罪と罪によるすべての不幸から救い出すため、御子であるイエス・キリストをこの世に救い主として遣わしてくださいました。罪のないイエス・キリストは、人類のすべての罪のために、ご自分のいのちを贖いの代価として十字架上で与えてくださいました。すなわち、イエス・キリストは私たちの身代わりとなって十字架上で尊い血潮を流し、死なれました。イエス・キリストは、人間の罪の問題を解決する神の答えであり、罪ある人間と聖なる神との関係を完全に回復してくださる唯一の救い主です。また、イエス・キリストは神が備えてくださった唯一の救い主であることを証明するため、死人の中から預言のとおりに三日目によみがえりました。このイエス・キリストは、人間を神のところに導く唯一の道です。イエス・キリストが与えてくださる救いとは、罪とその結果からくる不幸である不安、恐れ、罪意識、悪、罪性、死、神の審判、地獄のすべての刑罰などから神の国まで導く救いです。救い主であるイエス・キリストは、人々に罪の赦しと平安、生きる目的と希望を与えてくださるお方です。イエス・キリストが、十字架と復活を通して人々を罪と罪から来るすべての不幸から救い、この地上で平安と希望を与え、いつかは罪のない神の国まで導く救い主であることを、私たちは説明する必要があります。

　特に、使徒の働き16章17節に書かれている占いの霊につかれた若い女奴隷がパウロとその同行者の後について来て叫び続けた、「この人たちは、いと高き神のしもべたちで、救いの道をあなたがたに宣べ伝えています」ということばの意味を正しく理解しなければなりません。この女奴隷が何日もこんなことをするので、困り果てたパウロは、振り向いてその霊に、「イエス・キリストの名によっておまえに命じる。この女から出て行け」と命じました。そのとき、

第9課　福音伝道の内容

ただちにその悪霊は出て行きました（参照：使徒の働き16:18）。なぜ、使徒パウロはその女の叫び声を聞いて困り果てたのでしょうか。それは、その女の叫び声が宣教活動をじゃましたからでしょう。また、唯一の救いの道を変えたからでしょう。占いの霊につかれた若い女奴隷が叫び続けていた「救いの道」は a way of salvation（聖書の原語ホドン・ソーテーリアス、いろいろな道の中の一つの道）ですが、聖書が教えている救いの道は the way of salvation（唯一の道）だからです。

「神は、実に、そのひとり子をお与えになったほどに世を愛された。それは御子を信じる者が、一人として滅びることなく、永遠のいのちを持つためである」
(ヨハネの福音書3:16)

「しかし、私たちがまだ罪人であったとき、キリストが私たちのために死なれたことによって、神は私たちに対するご自分の愛を明らかにしておられます」
(ローマ人への手紙5:8)

「神は唯一です。神と人との間の仲介者も唯一であり、それは人としてのキリスト・イエスです。キリストは、すべての人の贖いの代価として、ご自分を与えてくださいました。これは、定められた時になされた証しです」
(テモテへの手紙第一2:5-6)

「キリストも一度、罪のために苦しみを受けられました。正しい方が正しくない者たちの身代わりになられたのです。それは、肉においては死に渡され、霊においては生かされて、あなたがたを神に導くためでした」
(ペテロの手紙第一3:18)

「私があなたがたに最も大切なこととして伝えたのは、私も受けたことであって、次のことです。キリストは、聖書に書いてあるとおりに、私たちの罪のために死なれたこと、また、葬られたこと、また、聖書に書いてあるとおりに、三日目によみがえられたこと、また、ケファに現れ、それから十二弟子に現れたことです。その後、キリストは五百人以上の兄弟たちに同時に現れました。その中にはすでに眠った人も何人かいますが、大多数は今なお生き残っています」
(コリント人への手紙第一15:3-6)

「イエスは彼に言われた。『わたしが道であり、真理であり、いのちなの

です。わたしを通してでなければ、だれも父のみもとに行くことはできません』」　　　　　　　　　　　　　　　　　　　　（ヨハネの福音書14:6）

「もし私たちが、神が光の中におられるように、光の中を歩んでいるなら、互いに交わりを持ち、御子イエスの血がすべての罪から私たちをきよめてくださいます」　　　　　　　　　　　　　　　　　　　（ヨハネの手紙第一1:7）

「すべて疲れた人、重荷を負っている人はわたしのもとに来なさい。わたしがあなたがたを休ませてあげます」　　　　　　　　　（マタイの福音書11:28）

「わたしはあなたがたに平安を残します。わたしの平安を与えます。わたしは、世が与えるのと同じようには与えません。あなたがたは心を騒がせてはなりません。ひるんではなりません」　　　　　　　（ヨハネの福音書14:27）

「**主**は　悪しき者の手の中に彼を捨て置かず　さばきのときにも　彼を不義に定めない」　　　　　　　　　　　　　　　　　　　　　　　（詩篇37:33）

「私たちは、生きるとすれば主のために生き、死ぬとすれば主のために死にます。ですから、生きるにしても、死ぬにしても、私たちは主のものです」　　　　　　　　　　　　　　　　　　　　　　　（ローマ人への手紙14:8）

4. 救いの条件 —— 行いではなく信仰

　イエス・キリストは神から遣わされた唯一の救い主です。キリストは人々に救いの祝福を与えるために、贖いの代価としてご自分のいのちを十字架上で与えてくださり、預言のとおりに死人の中からよみがえりました。キリストは復活によって罪と死の力を征服した真の勝利者となりました。私たちが救いの祝福を受けるためには、神を離れていた自分の罪を認め、その罪を悔い改める必要があります。悔い改めとは、考え方を変えて、人生の方向を神に転換することです。そして、自分の心でイエス・キリストを自分の神、救い主、主として信じることです。信じることはキリストを自分の心に受け入れることです。そのとき、罪から救われ、神の子どもとされ、新しく生まれ（新生）、永遠のいのちが保証され、神の国の国籍が与えられます。このように救いの条件は、神に遣わされた救い主であるイエス・キリストを信じる信仰です。決して自分の行いではありません。だれでもキリストを信じるとき、神から与えられる贈り

物、恵みが救いです。この事実を伝道する相手に明確に説明する必要があります。

「しかし、この方を受け入れた人々、すなわち、その名を信じた人々には、神の子どもとなる特権をお与えになった」　　　　　　　（ヨハネの福音書1:12）
「ですから、悔い改めて神に立ち返りなさい。そうすれば、あなたがたの罪はぬぐい去られます」　　　　　　　　　　　　　　（使徒の働き3:19）
「二人は言った。『主イエスを信じなさい。そうすれば、あなたもあなたの家族も救われます』」　　　　　　　　　　　　　　（使徒の働き16:31）
「なぜなら、もしあなたの口でイエスを主と告白し、あなたの心で神はイエスを死者の中からよみがえらせたと信じるなら、あなたは救われるからです」　　　　　　　　　　　　　　　　　　　　　　　　（ローマ人への手紙10:9）
「というのは、キリストの愛が私たちを捕らえているからです。私たちはこう考えました。一人の人がすべての人のために死んだ以上、すべての人が死んだのである、と。キリストはすべての人のために死なれました。それは、生きている人々が、もはや自分のためにではなく、自分のために死んでよみがえった方のために生きるためです。ですから、私たちは今後、肉にしたがって人を知ろうとはしません。かつては肉にしたがってキリストを知っていたとしても、今はもうそのような知り方はしません。ですから、だれでもキリストのうちにあるなら、その人は新しく造られた者です。古いものは過ぎ去って、見よ、すべてが新しくなりました」
　　　　　　　　　　　　　　　　　　　　　（コリント人への手紙第二5:14-17）
「この恵みのゆえに、あなたがたは信仰によって救われたのです。それはあなたがたから出たことではなく、神の賜物です。行いによるのではありません。だれも誇ることのないためです」　　　　　　　（エペソ人への手紙2:8-9）
「これこそ、御子が私たちに約束してくださったもの、永遠のいのちです」　　　　　　　　　　　　　　　　　　　　　　　　（ヨハネの手紙第一2:25）
「見よ、わたしは戸の外に立ってたたいている。だれでも、わたしの声を聞いて戸を開けるなら、わたしはその人のところに入って彼とともに食事をし、彼もわたしとともに食事をする」　　　　　　　　（ヨハネの黙示録3:20）

誰でもイエス・キリストを信じる信仰によって救われますが、信じるとはイエス・キリストを自分の心に受け入れることです。私たちは祈りを通してイエス・キリストを受け入れることができます。

〈イエス・キリストを受け入れる祈りのサンプル〉
「イエスさま！　私は罪人です。私はあなたが必要です。あなたが私の罪のために十字架で死んでくださったことを信じます。今、あなたを私の救い主、主としてお迎えいたします。私を救ってくださり心から感謝します。これからあなたが私の人生を導いてください。イエスさまのお名前によって祈ります。アーメン」

5. 信仰成長のための基本的な生き方

イエス・キリストを信じる信仰によって救われた人には、その信仰の成長のために規則的に行うべきことが幾つかあります。

1) 毎日、聖書を読む

聖書は神のみことばであり、霊魂の食べ物です。毎日食べ物を食べてこそ肉体が生きられるように、毎日霊魂の食べ物である聖書を食べることによって霊魂が生かされ、信仰も成長するようになります。

「あなたのみことばは 私の足のともしび　私の道の光です」(詩篇119:105)
「この町のユダヤ人は、テサロニケにいる者たちよりも素直で、非常に熱心にみことばを受け入れ、はたしてそのとおりかどうか、毎日聖書を調べた」
(使徒の働き17:11)
「この預言のことばを朗読する者と、それを聞いて、そこに書かれていることを守る者たちは、幸いである。時が近づいているからである」
(ヨハネの黙示録1:3)

2) 毎日、神に祈る

　祈りは霊魂の呼吸です。私たちの肉体が息をしてこそ生きるように、私たちの霊魂は祈ることによって生かされ、自分の信仰が成長するようになります。

　「あなたがたがわたしにとどまり、わたしのことばがあなたがたにとどまっているなら、何でも欲しいものを求めなさい。そうすれば、それはかなえられます」　　　　　　　　　　　　　　　　　　　（ヨハネの福音書15:7）
　「絶えず祈りなさい」　　　　　　　（テサロニケ人への手紙第一5:17）
　「求めなさい。そうすれば与えられます。探しなさい。そうすれば見出します。たたきなさい。そうすれば開かれます」　　　（マタイの福音書7:7）

3) ことばと生き方を通してキリストを証しする

　伝道はキリストを宣べ伝えることであり、霊魂の運動です。忠実にキリストを宣べ伝えることによって霊的な健康が維持され、信仰も成長するようになります。

　「みことばを宣べ伝えなさい。時が良くても悪くてもしっかりやりなさい。忍耐の限りを尽くし、絶えず教えながら、責め、戒め、また勧めなさい」
　　　　　　　　　　　　　　　　　　　　（テモテへの手紙第二4:2）
　「あなたがたが多くの実を結び、わたしの弟子となることによって、わたしの父は栄光をお受けになります」　　　　　（ヨハネの福音書15:8）

4) 教会中心に生きる

　救い主であるイエス・キリストをよく学び、キリスト中心に生きるために、他のキリスト者と交わりを持ち、共に神への礼拝を守り、共に成長するために教会中心の信仰生活が大切です。

　「ある人たちの習慣に倣って自分たちの集まりをやめたりせず、むしろ励まし合いましょう。その日が近づいていることが分かっているのですから、

ますます励もうではありませんか」　　　　（ヘブル人への手紙10:25)

結　論

　福音を宣べ伝える伝道の内容は基本的に四つポイントがあります。この四つのポイントを理解していれば、機会があるときに福音をしっかり伝えることができるでしょう。一つは人々に対する神の愛を伝えることです。次はすべての人は罪人であること、罪の結果は死であること、死後には神の審判があることを伝えることです。そして神が備えた救いの道がイエス・キリストであることを伝えること、イエス・キリストを信じることは受け入れることであることを具体的に説明することです。また、キリストを救い主として受け入れた人々に信仰成長のための基本的な生き方を具体的に教えるべきです。

　「神は、すべての人が救われて、真理を知るようになることを望んでおられます」　　　　　　　　　　　　　　　（テモテへの手紙第一2:4）
　「『主の御名を呼び求める者はみな救われる』のです。しかし、信じたことのない方を、どのようにして呼び求めるのでしょうか。聞いたことのない方を、どのようにして信じるのでしょうか。宣べ伝える人がいなければ、どのようにして聞くのでしょうか。遣わされることがなければ、どのようにして宣べ伝えるのでしょうか。『なんと美しいことか、良い知らせを伝える人たちの足は』と書いてあるようにです」（ローマ人への手紙10:13-15)

第10課　祈りと福音伝道

序　　論

　人が救われることは人間のわざではなく、聖霊の働きです。この事実を知っている伝道者は人々に福音を宣べ伝えるとき、聖霊が働くように祈ることを大切にします。使徒たちは神のことばを語るとき、「主よ。今、彼らの脅かしをご覧になって、しもべたちにあなたのみことばを大胆に語らせてください。また、御手を伸ばし、あなたの聖なるしもべイエスの名によって、癒やしとしるしと不思議を行わせてください」(使徒の働き4:29-30) と祈りました。祈りのない福音伝道はありえません。いちばん良い祈禱は伝道の対象を覚えて規則的に祈ることでしょう。

1. 福音伝道と祈り

　人々が救われることは、人間のわざではなく聖霊の働きです。この事実をよく悟り、福音を語るために聖霊が力強く働くように祈らなければなりません。特に、聖霊が自分自身と福音を聞く人々の中で働くように絶えず祈るべきです。福音を宣べ伝えるために規則的に祈るべき内容は次のとおりです。

1) 聖霊に満たされ、神のみことばを大胆に語ることができるように

　　「主よ。今、彼らの脅かしをご覧になって、しもべたちにあなたのみことばを大胆に語らせてください」　　　　　　　　　　　　　　(使徒の働き4:29)

2) 福音宣教の門が開かれるように

　　「同時に、私たちのためにも祈ってください。神がみことばのために門を開いてくださって、私たちがキリストの奥義を語れるように祈ってください。この奥義のために、私は牢につながれています。また、私がこの奥義を、語るべき語り方で明らかに示すことができるように、祈ってください」　　　　　　　　　　　　　　　　　　　　　(コロサイ人への手紙4:3-4)

第10課　祈りと福音伝道

3) 福音の奥義を大胆に知らせることができるように

「また、私のためにも、私が口を開くときに語るべきことばが与えられて、福音の奥義を大胆に知らせることができるように、祈ってください」

(エペソ人への手紙6:19)

4) 主のことばが速やかに広まり、尊ばれるように、悪い者から守られるように

「最後に兄弟たち、私たちのために祈ってください。主のことばが、あなたがたのところと同じように速やかに広まり、尊ばれるように」

(テサロニケ人への手紙第二3:1)

5) ひねくれた悪人どもと悪い者から救い出され、守られるように

「また、私たちが、ひねくれた悪人どもから救い出されるように祈ってください。すべての人に信仰があるわけではないからです。しかし、主は真実な方です。あなたがたを強くし、悪い者から守ってくださいます」

(テサロニケ人への手紙第二3:2-3)

6) 福音宣教が人間の説得力と知恵ではなく、御霊と御力の現れになるように

「そして、私のことばと私の宣教は、説得力のある知恵のことばによるものではなく、御霊と御力の現れによるものでした。それは、あなたがたの信仰が、人間の知恵によらず、神の力によるものとなるためだったのです」

(コリント人への手紙第一2:4-5)

7) 神の愛とみこころを覚えながら人々に接することができるように

「神は、実に、そのひとり子をお与えになったほどに世を愛された。それは御子を信じる者が、一人として滅びることなく、永遠のいのちを持つためである」

(ヨハネの福音書3:16)

「このように、この小さい者たちの一人が滅びることは、天におられるあ

なたがたの父のみこころではありません」 　　　　（マタイの福音書18:14)

8) 主とみことばと教会のために受ける苦しみを喜ぶことができるように

　「今、私は、あなたがたのために受ける苦しみを喜びとしています。私は、キリストのからだ、すなわち教会のために、自分の身をもって、キリストの苦しみの欠けたところを満たしているのです」

（コロサイ人への手紙1:24)

9) 共に福音を宣べ伝える働き手を送ってくださるように

　「そこでイエスは弟子たちに言われた。『収穫は多いが、働き手が少ない。だから、収穫の主に、ご自分の収穫のために働き手を送ってくださるように祈りなさい』」 　　　　（マタイの福音書9:37-38)

10) 福音を聞く人の心が開かれ、福音に心を留める人々が起こされるように

　「リディアという名の女の人が聞いていた。ティアティラ市の紫布の商人で、神を敬う人であった。主は彼女の心を開いて、パウロの語ることに心を留めるようにされた」 　　　　（使徒の働き16:14)

2. 祈りの方法

　福音宣教に出かける人々には、伝道する前後に聖霊の助けを切に求める祈りが必要です。祈りの方法はいろいろありますが、基本的な祈りの方法（ACTS）は次のとおりです。

1) 主をあがめる、拝する、ほめたたえる（Adoration）

　「ですから、あなたがたはこう祈りなさい。『天にいます私たちの父よ。御名が聖なるものとされますように』」 　　　　（マタイの福音書6:9)
　「そのとき、イエスはこう言われた。『天地の主であられる父よ、あなたをほめたたえます。あなたはこれらのことを、知恵ある者や賢い者には隠

して、幼子たちに現してくださいました』」　　　　　（マタイの福音書11:25）

2) 罪があれば、主の前でその罪を告白する（Confession）

「もし私たちが自分の罪を告白するなら、神は真実で正しい方ですから、その罪を赦し、私たちをすべての不義からきよめてくださいます」
　　　　　　　　　　　　　　　　　　　　　　　　（ヨハネの手紙第一1:9）

3) 主の恵みを覚えて感謝する（Thanksgiving）

「いつも喜んでいなさい。絶えず祈りなさい。すべてのことにおいて感謝しなさい。これが、キリスト・イエスにあって神があなたがたに望んでおられることです」　　　　　　　　　　　（テサロニケ人への手紙第一5:16-18）

4) 主の助けと導き、主の守りと救いを求める（Supplication）

「何も思い煩わないで、あらゆる場合に、感謝をもってささげる祈りと願いによって、あなたがたの願い事を神に知っていただきなさい。そうすれば、すべての理解を超えた神の平安が、あなたがたの心と思いをキリスト・イエスにあって守ってくれます」　　　　　（ピリピ人への手紙4:6-7）

「キリストは、肉体をもって生きている間、自分を死から救い出すことができる方に向かって、大きな叫び声と涙をもって祈りと願いをささげ、その敬虔のゆえに聞き入れられました」　　　　　　（ヘブル人への手紙5:7）

3. 伝道する対象の確認と祈り

　キリスト者は周りの人に福音を宣べ伝える使命があります。その使命を果たすために、友人、知人、親戚、隣人、さまざまな場所で接している人と良い関係、信頼関係を結ぶ必要があります。また、伝道の対象を確認し、彼らの名前を記録し、一人一人を全能なる主にゆだねて具体的に彼らの救いのために祈らなければなりません。

　「みことばを宣べ伝えなさい。時が良くても悪くてもしっかりやりなさい。

忍耐の限りを尽くし、絶えず教えながら、責め、戒め、また勧めなさい。というのは、人々が健全な教えに耐えられなくなり、耳に心地よい話を聞こうと、自分の好みにしたがって自分たちのために教師を寄せ集め、真理から耳を背け、作り話にそれて行くような時代になるからです。けれども、あなたはどんな場合にも慎んで、苦難に耐え、伝道者の働きをなし、自分の務めを十分に果たしなさい」　　　　　（テモテへの手紙第二4:2-5）

救いに導きたい人々を確認し、彼らの名前を記録し、毎日規則的に彼らの救いのために祈り、彼らに福音を証しする機会を備えることは、なんと素晴らしいキリスト者の生き方でしょう。伝道したい対象を覚えて続けて祈るとき、個人伝道の機会も、教会の集会に招く機会も「神の時」に必ずくるでしょう。伝道したい対象を伝道ノートに書いて規則的に祈りましょう。

1）家族
2）親
3）友人
4）隣人
5）職場の仲間
6）自分と関係のある人
7）先輩、後輩
8）求道者
9）自分の子どもの友人
10）疲れている人、重荷を負っている人

4. 福音を宣べ伝える人の望み

御国の福音は全世界に宣べ伝えられて、すべての民族に証しされます。これが真理であるキリストの約束です。

「御国のこの福音は全世界に宣べ伝えられて、すべての民族に証しされ、

それから終わりが来ます」　　　　　　　　　　　　（マタイの福音書24:14）

　このように、天においても地においてもすべての権威を持っておられるキリストは、御国の福音がすべての民族に証しされることを約束なさいました。結果は定められています。保証されています。福音を宣べ伝えることは神の働きであるからです。また、キリストは明確に語られました。

　「父がわたしに与えてくださる者はみな、わたしのもとに来ます。そして、わたしのもとに来る者を、わたしは決して外に追い出したりはしません」
（ヨハネの福音書6:37）

　神はご自分が選んだ民を皆キリストに与えてくださいました。彼らは必ずキリストのもとに来ます。彼らは永遠のいのちを持ち、罪から救われ、神の子どもになります。これが神のみこころです。

　「わたしを遣わされた方のみこころは、わたしに与えてくださったすべての者を、わたしが一人も失うことなく、終わりの日によみがえらせることです。わたしの父のみこころは、子を見て信じる者がみな永遠のいのちを持ち、わたしがその人を終わりの日によみがえらせることなのです」
（ヨハネの福音書6:39-40）

　真理であるキリストは完全なるお方です。ご自分の約束を必ず守ってくださるお方です。御国の福音を宣べ伝えることは勝利が保証されている戦いと同じです。キリストのことばは真理なので、100％そのとおりになります。神がキリストに与えてくださった人々は誰でも、神の時に救われることになります。これが福音を宣べ伝える人の望みでしょう。そして、永遠のいのちにあずかるように定められていた人たちは皆、信仰に入るようになります。神のみことばは、この真理を明確に教えています。

　「『主が私たちに、こう命じておられるからです。「わたしはあなたを異邦

人の光とし、地の果てにまで救いをもたらす者とする。』』異邦人たちはこれを聞いて喜び、主のことばを賛美した。そして、永遠のいのちにあずかるように定められていた人たちはみな、信仰に入った」

(使徒の働き13:47-48)

誰もがイエス・キリストを信じるわけではありません。どこに住んでいるかは関係ありません。神が永遠のいのちにあずかるよう定めておられる人は、必ずキリストを信じるようになります。

「わたしを遣わされた父が引き寄せてくださらなければ、だれもわたしのもとに来ることはできません。わたしはその人を終わりの日によみがえらせます」

(ヨハネの福音書6:44)

父なる神が導いてくださらなければイエスを信じることはできません。聖霊の働きがなければイエスを主と告白することはできません。神と聖霊の働きがあれば誰でも必ず信じるようになります。

「ですから、あなたがたに次のことを教えておきます。神の御霊によって語る者はだれも『イエスは、のろわれよ』と言うことはなく、また、聖霊によるのでなければ、だれも『イエスは主です』と言うことはできません」

(コリント人への手紙第一12:3)

「この恵みのゆえに、あなたがたは信仰によって救われたのです。それはあなたがたから出たことではなく、神の賜物です」　(エペソ人への手紙2:8)

福音をすべての民族、全世界に宣べ伝えることは、してもしなくてもどちらでもよいことではありません。福音伝道は救い主であるイエス・キリストの命令であり、生き方であり、教えです。この働きのために教会がこの世に存在しています。教会が福音を忠実に宣べ伝えるとき、教会らしい教会になります。教会が福音伝道というこの使命を忠実に果たすためには、キリストが弟子たちに与えてくださったみことばをいつも覚えながら従うことが大切です。

「イエスは近づいて来て、彼らにこう言われた。『わたしには天においても地においても、すべての権威が与えられています。ですから、あなたがたは行って、あらゆる国の人々を弟子としなさい。父、子、聖霊の名において彼らにバプテスマを授け、わたしがあなたがたに命じておいた、すべてのことを守るように教えなさい。見よ。わたしは世の終わりまで、いつもあなたがたとともにいます』」　　　　　　　（マタイの福音書28:18-20）

「それから、イエスは彼らに言われた。『全世界に出て行き、すべての造られた者に福音を宣べ伝えなさい』」　　　　　　　（マルコの福音書16:15）

「こう言われた。『次のように書いてあります。「キリストは苦しみを受け、三日目に死人の中からよみがえり、その名によって、罪の赦しを得させる悔い改めが、あらゆる国の人々に宣べ伝えられる。」エルサレムから開始して、あなたがたは、これらのことの証人となります』」
　　　　　　　　　　　　　　　　　　　　　　　（ルカの福音書24:46-48）

「イエスは再び彼らに言われた。『平安があなたがたにあるように。父がわたしを遣わされたように、わたしもあなたがたを遣わします』」
　　　　　　　　　　　　　　　　　　　　　　　　（ヨハネの福音書20:21）

　主の教会がイエス・キリストの命令である「全世界に出て行き、すべての造られた者に福音を宣べ伝えなさい」（マルコの福音書16:15）というみことばに従うことは大きな祝福です。この命令に従うとき、福音伝道のために遣わされている助け主である聖霊に導かれ、聖霊に満たされるでしょう。人々を救う福音の力を体験するようになります。主の命令に従い、人を救う福音の力を体験し、主の約束を堅く信じて生きることが伝道者の喜びであり、望みです。

結　　論

　人が罪から救われることは人間のわざではなく、神のわざ、神の働きです。しかし、神は人の救いのために福音を宣べ伝える使命を御使いにではなく、教会である神の民に与えてくださいました。教会は人の救いの問題は神にゆだね

て、すべての民族に福音を宣べ伝える使命を忠実に果たさなければなりません。伝道者が福音を宣べ伝えるとき、神の選びの民が必ずいること、神がキリストに与えてくださった人は必ず救われることを信じて希望をもって福音を宣べ伝えるべきです。また、福音を人々に宣べ伝えるために神が働いてくださるように絶えず祈らなければなりません。特に、伝道したい対象を伝道ノートに書き、毎日その人たちのことを覚えて規則的に祈るべきです。人が救われることは神のみこころです。この神のみこころを確信しながら、絶えず人々の救いのために祈りましょう。

「ある夜、主は幻によってパウロに言われた。『恐れないで、語り続けなさい。黙ってはいけない。わたしがあなたとともにいるので、あなたを襲って危害を加える者はいない。この町には、わたしの民がたくさんいるのだから』」

(使徒の働き18:9-10)

第11課　家族伝道と信仰継承

序　論

　結婚とは一人の男性と一人の女性が一体となることです。男性と女性は結婚することによって、父母の家庭から独立して自分の家庭を築き上げるようになります。家庭は夫婦から始まりますが、子どもが生まれたら親子が家庭となります。キリスト者は神が結び合わせてくださった自分の家庭を大切にします。また、いちばん近い隣人である家族への伝道を大切にします。神のみことばである聖書は明確に、具体的に家族伝道と家族の信仰継承について教えています。「主イエスを信じなさい。そうすれば、あなたもあなたの家族も救われます」（使徒の働き16:31）。いちばん近い隣人である家族の救いのために、家族、家族伝道、家庭礼拝、信仰継承の大切さを悟る必要があります。

1. いちばん大切な家庭

　家庭とは、親子夫婦が一緒に生活する、社会のいちばん小さい基礎単位です。家庭は夫婦から始まるいちばん小さい共同体（community）ですが、この世のどんな共同体よりも大切です。だれでも生涯の多くの時間を家庭で過ごしています。喜怒哀楽をいちばん最初に家族と分かち合います。家族のために惜しまずに犠牲を払っています。家庭が元気であれば地域も元気になるでしょう。社会も国も世界も元気になるでしょう。教会も元気になるでしょう。よく考えてみれば、この世のさまざまな問題も家庭と深い関係があります。家庭は人間が造った制度ではなく、創造主である愛の神が人間の幸福のために造ってくださった贈り物であり、制度であり、祝福です。神は、最初の家庭であり夫婦であるアダムとエバを見て非常に喜び、彼らを祝福されました。キリストが人々のために行われた最初の奇跡も、結婚式のときでした。これは、キリストが結婚制度をどんなに大切にし、祝福しておられたかを教えているしるしです。このように神は家庭制度を造っただけではなく、幸せな家庭を築くための具体的な設計図を、聖書を通して与えてくださったのです。聖書は、結婚、夫婦生活、家庭の秩序、夫婦関係、親子関係、兄弟関係などを具体的に教えています。だ

れでも家庭を造ってくださった神の設計図に従って生活すれば、幸せな家庭、元気な家庭を築くことができます。家庭が幸せであれば、家族はその幸せを与えてくださる神中心に生きるようになるでしょう。神の福音を証しするようになるでしょう。家族一人一人が信仰継承の喜びを分かち合うようになるでしょう。初代教会は苦しみと迫害の中でも、信仰継承を通して福音を証しする模範を示してくれました。

「また、神である**主**は言われた。『人がひとりでいるのは良くない。わたしは人のために、ふさわしい助け手を造ろう』」　　　　　　　　（創世記2:18）
「それゆえ、男は父と母を離れ、その妻と結ばれ、ふたりは一体となるのである」　　　　　　　　　　　　　　　　　　　　　　　（創世記2:24）
「『それゆえ、男は父と母を離れ、その妻と結ばれ、ふたりは一体となる』のです。ですから、彼らはもはやふたりではなく、一体なのです。こういうわけで、神が結び合わせたものを、人が引き離してはなりません」
　　　　　　　　　　　　　　　　　　　　　　　　　（マルコの福音書10:7-9）
「『あなたの隣人を自分自身のように愛しなさい』という第二の戒めも、それと同じように重要です」　　　　　　　　　　　（マタイの福音書22:39）
「それはそれとして、あなたがたもそれぞれ、自分の妻を自分と同じように愛しなさい。妻もまた、自分の夫を敬いなさい」（エペソ人への手紙5:33）
「子どもたちよ。主にあって自分の両親に従いなさい。これは正しいことなのです。『あなたの父と母を敬え。』これは約束を伴う第一の戒めです。『そうすれば、あなたは幸せになり、その土地であなたの日々は長く続く』という約束です。父たちよ。自分の子どもたちを怒らせてはいけません。むしろ、主の教育と訓戒によって育てなさい」（エペソ人への手紙6:1-4）
「友はどんなときにも愛するもの。兄弟は苦難を分け合うために生まれる」　　　　　　　　　　　　　　　　　　　　　　　　（箴言17:17）

2. 家族伝道

この世でいちばん大切なものは家庭です。この家庭が破壊されると、社会も

国家も、世界も教会も混乱した状態になります。神が喜ばれる良い社会、国家、世界、教会を建て上げるためには、家族一人一人を救いに導く伝道が何よりも大切です。家族伝道は簡単ではありません。特別な戦略があるわけでもありません。しかし、全く不可能なことでもありません。神にゆだねて自分ができることを忠実に行うことが大切です。家族中一人でも家族の救いのために忠実に祈り、神と神のみことばに喜んで従う人がいれば、家族に救いの恵みと祝福が神の時に訪れてくるでしょう。

1) 家族伝道のための基本的な姿勢

(1) 家族の救いを待ち望みながら涙とともに祈る

「妻よ。あなたが夫を救えるかどうか、どうして分かりますか。また、夫よ。あなたが妻を救えるかどうか、どうして分かりますか」
（コリント人への手紙第一7:16）

「涙とともに種を蒔く者は　喜び叫びながら刈り取る」 　（詩篇126:5）

(2) 失望せずに家族に善（神の性質）を行う

「思い違いをしてはいけません。神は侮られるような方ではありません。人は種を蒔けば、刈り取りもすることになります。自分の肉に蒔く者は、肉から滅びを刈り取り、御霊に蒔く者は、御霊から永遠のいのちを刈り取るのです。失望せずに善を行いましょう。あきらめずに続ければ、時が来て刈り取ることになります」
（ガラテヤ人への手紙6:7-9）

(3) 日々良い行いを家族に実行する

「このように、あなたがたの光を人々の前で輝かせなさい。人々があなたがたの良い行いを見て、天におられるあなたがたの父をあがめるようになるためです」
（マタイの福音書5:16）

「ですから、人からしてもらいたいことは何でも、あなたがたも同じように人にしなさい。これが律法と預言者です」 　（マタイの福音書7:12）

「まことに、あなたがたに言います。わたしの弟子だからということで、この小さい者たちの一人に一杯の冷たい水でも飲ませる人は、決して報い

を失うことがありません」 (マタイの福音書10:42)

⑷ 惜しみなく家族に犠牲を払い、愛を示し、仕える

「まことに、まことに、あなたがたに言います。一粒の麦は、地に落ちて死ななければ、一粒のままです。しかし、死ぬなら、豊かな実を結びます」 (ヨハネの福音書12:24)

2) 家族伝道のための家族の役割

⑴ 夫婦が互いに愛し合う生き方を子どもの前で示す

「キリストを恐れて、互いに従い合いなさい。妻たちよ。主に従うように、自分の夫に従いなさい。キリストが教会のかしらであり、ご自分がそのからだの救い主であるように、夫は妻のかしらなのです」 (エペソ人への手紙5:21-23)

⑵ 父母は主の教育と訓戒によって子どもを育てる

「父たちよ。自分の子どもたちを怒らせてはいけません。むしろ、主の教育と訓戒によって育てなさい」 (エペソ人への手紙6:4)

⑶ 父母は子どもが神の賜物、神の報酬であることを理解し、子どもを心から愛する

「見よ 子どもたちは**主**の賜物　胎の実は報酬」 (詩篇127:3)

⑷ 子どもたちは両親に主にあって従い、敬う

「子どもたちよ。主にあって自分の両親に従いなさい。これは正しいことなのです。『あなたの父と母を敬え。』これは約束を伴う第一の戒めです。『そうすれば、あなたは幸せになり、その土地であなたの日々は長く続く』という約束です」 (エペソ人への手紙6:1-3)

3. 信仰継承

　神の人、ヨシュアは自分に与えられたすべての任務と使命を終え、110歳で天に召されました。イスラエルの民は、彼が生きている間、また、彼のあとまで生き残って、主がイスラエルに行われたすべてのわざを知っている長老たちの生きている間、主に仕えていました。なんと素晴らしい信仰継承でしょう。しかし、ヨシュアと長老たちの子孫たちは神を捨てて離れることによって信仰継承に失敗してしまいました。霊的祝福である信仰継承はヨシュア時代に限った出来事ではありません。今日もキリスト者は自分に与えられている家族、子ども、兄弟姉妹を信仰に導くという大切な使命があります。この使命を果たすことが信仰継承です。キリスト者は自分の家族、特に子どもたちの信仰継承のために基本的な信仰の生き方をもって歩むべきです。

1) 家族の信仰継承のために献身する

　先に救われたキリスト者は家族の救いのために祈り、すべての面において家族の前で模範を示すことが大切です。キリスト者の生き方を見てその家族が感動すれば、安心してその信仰を自分のものにするでしょう。

> 「**主**に仕えることが不満なら、あの大河の向こうにいた、あなたがたの先祖が仕えた神々でも、今あなたがたが住んでいる地のアモリ人の神々でも、あなたがたが仕えようと思うものを、今日選ぶがよい。ただし、私と私の家は**主**に仕える」　　　　　　　　　　　　　　（ヨシュア記24:15）
> 「ヨシュアがいた間、また、**主**がイスラエルのために行われたすべてのわざを経験して、ヨシュアより長生きした長老たちがいた間、イスラエルは**主**に仕えた」　　　　　　　　　　　　　　　　　　　　　　（ヨシュア記24:31）

2) 父母は子どもに優先順位の一番が神であることを教える

　父母の大きな使命は自分の信仰を子どもに継承させることです。そのために神のことばと戒めを子どもにしっかり教え、その教えのとおりに父母が模範を

示さなければなりません。父母が神を恐れる生活をしながら、神中心、教会中心、聖書中心の生活の模範を示せば、子どもはその影響を受け、良い人格と信仰を持つようになるでしょう。エルカナとハンナの子どもであるサムエルと、祭司エリの息子であるホフニとピネハスのことを考えてみましょう。父母の祈りと信仰によって育てられたサムエルは預言者になりましたが、ホフニとピネハスは神を恐れないよこしまな者たちになりました。祭司エリは息子たちを神より重んじることによって信仰継承に失敗しました。聖書はアブラハムの信仰がイサクに、イサクの信仰がヤコブに、ヤコブの信仰がヨセフに継承されたことを具体的に教えています。彼らも私たちと同じように弱さと問題があるにもかかわらず信仰継承の恵みを体験しました。それは神を恐れる信仰、神を第一に考える信仰を子どもたちに示したからでしょう。

「わたしを愛し、わたしの命令を守る者には、恵みを千代にまで施すからである」 (出エジプト記20:6)

「これは、あなたがたの神、**主**があなたがたに教えよと命じられた命令、すなわち掟と定めである。あなたがたが渡って行って所有しようとしている地で、それらを行うようにするためである。それは、あなたの一生の間、あなたも、そしてあなたの子も孫も、あなたの神、**主**を恐れて、私が命じるすべての主の掟と命令を守るため、またあなたの日々が長く続くためである。イスラエルよ、聞いて守り行いなさい。そうすれば、あなたは幸せになり、あなたの父祖の神、**主**があなたに告げられたように、あなたは乳と蜜の流れる地で大いに増えるであろう。聞け、イスラエルよ。**主**は私たちの神。**主**は唯一である。あなたは心を尽くし、いのちを尽くし、力を尽くして、あなたの神、**主**を愛しなさい。私が今日あなたに命じるこれらのことばを心にとどめなさい。これをあなたの子どもたちによく教え込みなさい。あなたが家で座っているときも道を歩くときも、寝るときも起きるときも、これを彼らに語りなさい。これをしるしとして自分の手に結び付け、記章として額の上に置きなさい。これをあなたの家の戸口の柱と門に書き記しなさい」 (申命記6:1-9)

「なぜあなたがたは、わたしが命じたわたしへのいけにえ、わたしへのさ

さげ物を、わたしの住まいで足蹴にするのか。なぜあなたは、わたしよりも自分の息子たちを重んじて、わたしの民イスラエルのすべてのささげ物のうちの、最上の部分で自分たちを肥やそうとするのか」

(サムエル記第一2:29)

3) 家庭は個人ではなく共同体であるという認識を、家族一人一人がいつも共有する

　神は人間の幸福のために家庭制度を賜物として与えてくださいました。家庭は一人ではなく、一緒に住むところです。夫婦が一緒に、父母と子どもが一緒に、兄弟が一緒に幸福を味わうところです。家庭が共同体であることをいつも忘れないようにしなければなりません。家庭は人間が生きていくうえで最高の安息の場であり、幸福の根となります。この家庭の幸福のためには、家族一人一人が家庭を造ってくださった神を中心にして生きること、神のみことばに生きることが何よりも大切です。神と神のみことばには、家族が一つとなるように導く不思議な力があります。この事実を悟るとき、信仰継承の恵みと喜びが与えられるでしょう。

「ヨセフは兄弟たちに言った。『私は間もなく死にます。しかし、神は必ずあなたがたを顧みて、あなたがたをこの地から、アブラハム、イサク、ヤコブに誓われた地へ上らせてくださいます』」(創世記50:24、ヨセフの信仰)

「主に仕えることが不満なら、あの大河の向こうにいた、あなたがたの先祖が仕えた神々でも、今あなたがたが住んでいる地のアモリ人の神々でも、あなたがたが仕えようと思うものを、今日選ぶがよい。ただし、私と私の家は主に仕える」　　　　　(ヨシュア記24:15、ヨシュアの信仰)

「イエスは彼に言われた。『今日、救いがこの家に来ました。この人もアブラハムの子なのですから。人の子は、失われた者を捜して救うために来たのです』」　　　　　　　　　　(ルカの福音書19:9-10、ザアカイの信仰)

「父親は、その時刻が、『あなたの息子は治る』とイエスが言われた時刻だと知り、彼自身も家の者たちもみな信じた」

(ヨハネの福音書4:53、王室の役人の信仰)

「彼は敬虔な人で、家族全員とともに神を恐れ、民に多くの施しをし、いつも神に祈りをささげていた」　　　　　　　　　（使徒の働き10:2）

「そして次の日、ペテロはカイサリアに着いた。コルネリウスは、親族や親しい友人たちを呼び集めて、彼らを待っていた」　　　（使徒の働き10:24）

「それで、私はすぐにあなたのところに人を送ったのです。ようこそおいでくださいました。今、私たちはみな、主があなたにお命じになったすべてのことを伺おうとして、神の御前に出ております」

（使徒の働き10:33、コルネリウスの信仰）

「そして、彼女とその家族の者たちがバプテスマを受けたとき、彼女は『私が主を信じる者だとお思いでしたら、私の家に来てお泊まりください』と懇願し、無理やり私たちにそうさせた」

（使徒の働き16:15、リディアの信仰）

「看守は明かりを求めてから、牢の中に駆け込み、震えながらパウロとシラスの前にひれ伏した。そして二人を外に連れ出して、『先生方。救われるためには、何をしなければなりませんか』と言った。二人は言った。『主イエスを信じなさい。そうすれば、あなたもあなたの家族も救われます。』そして、彼と彼の家にいる者全員に、主のことばを語った。看守はその夜、時を移さず二人を引き取り、打ち傷を洗った。そして、彼とその家の者全員が、すぐにバプテスマを受けた。それから二人を家に案内して、食事のもてなしをし、神を信じたことを全家族とともに心から喜んだ」

（使徒の働き16:29-34、看守の信仰）

「会堂司クリスポは、家族全員とともに主を信じた。また、多くのコリント人も聞いて信じ、バプテスマを受けた」（使徒の働き18:8、クリスポの信仰）

4. 家庭礼拝

　家庭は人々の幸せのために神が直接に造ってくださった神のプレゼントです。家庭礼拝は家族の信仰継承のために神が示してくださった素晴らしいプレゼントです。家族が、信仰の対象であり祈りの対象であり賛美の対象である神を中心に生きることは何よりも大きな祝福です。家族がこの祝福を体験し、続けて

維持するためには、家庭礼拝を大切にしなければなりません。家族が時間を聖別して集まり、共に賛美をささげ、喜びと悲しみを分け合い、与えられたみことばを分かち合い、励まし合い、祈り合い、神の恵みとみことばを分かち合う家庭礼拝をささげることは何よりも大きな霊的祝福でしょう。家庭の中で初めて救われたキリスト者は、家族の救い、信仰継承、家庭礼拝の祝福を神にゆだね、神の時を信じて希望をもって耐え忍びながら祈ることが大切です。

「二人か三人がわたしの名において集まっているところには、わたしもその中にいるのです」　　　　　　　　　　　　　　　（マタイの福音書18:20）

1) 家庭礼拝をささげる目的

家族全員が家庭礼拝を忠実にささげるとき、神から与えられる祝福がたくさんあります。家庭礼拝を通して家族一人一人が神を体験的に知るようになります。賛美と祈りとみことばの力を悟るようになります。家族と喜怒哀楽を分かち合いながら互いに愛し合い、励まし合う生き方を学ぶようになります。家族がこの世中心ではなく、神中心に生きる恵み、信仰継承の喜びを次の世代に自然に伝えるようになります。特に子どもたちに神のことばを生活を通して教えるようになります。このような霊的祝福を、家族一人一人が自分のものとして、家族全体のものとして体験し、すべての栄光を神に帰するようになるために、キリスト者は家庭礼拝をささげなければなりません。

「あなたがホレブで、あなたの神、主の前に立った日に主は私に言われた。『民をわたしのもとに集めよ。わたしは彼らにわたしのことばを聞かせる。それによって、彼らが地上に生きている日の間わたしを恐れることを学び、また彼らがその子どもたちに教えることができるように』」　（申命記4:10）

「これをあなたの子どもたちによく教え込みなさい。あなたが家で座っているときも道を歩くときも、寝るときも起きるときも、これを彼らに語りなさい」　　　　　　　　　　　　　　　　　　　　　　　　（申命記6:7）

「若者をその行く道にふさわしく教育せよ。そうすれば、年老いても、それから離れない」　　　　　　　　　　　　　　　　　　（箴言22:6）

2) 家族が持つべき基本的な姿勢

　キリスト者が忠実に、持続的に、規則的に家庭礼拝を神にささげるためには、家族一人一人が家庭礼拝の目的を正しく理解し、家庭礼拝に心を定めなければなりません。家庭礼拝の日と時間を決め、その時間を聖別して共に喜んで集まる必要があります。また家庭礼拝をささげるとき、いつも神が自分の家庭に何を求めているのかを確認し、神が我が家の「主」であることを共に告白する姿勢も大切です。家族が神の側にしっかり立っているか互いに確認しながら、思いを共有する姿勢も大切です。

　　「あなたがたは、信仰に生きているかどうか、自分自身を試し、吟味しなさい。それとも、あなたがたは自分自身のことを、自分のうちにイエス・キリストがおられることを、自覚していないのですか。あなたがたが不適格な者なら別ですが」　　　　　　　　　　（コリント人への手紙第二13:5）

3) プログラムより大切な心構え

　家庭礼拝の日と時間は、家族が主のために心を定めて決めるべきです。ある家庭は毎日、ある家庭は週一回、ある家庭は月一回、家庭礼拝をささげるでしょう。家族が喜んで家庭礼拝をささげるためには、一人一人が日々互いに愛し合い、励まし合う心構えが必要です。互いに家族を大事にする心、家族の祝福のために互いに献身する心構えが必要です。家族がこのような心構えで家庭礼拝をささげるようになれば、家庭礼拝は楽しくなるでしょう。家族は家庭礼拝を喜んで持つようになるでしょう。家庭礼拝のプログラムより家庭礼拝をささげる心構えが大切です。家庭礼拝のプログラムには、賛美、みことば、祈り、生活の分かち合い、みことばの分かち合い、個人と家族の祈禱課題が入るとよいでしょう。司会、代表の祈りは家族が交代で、賛美は司会者が決め、生活とみことばの分かち合いは一人一人が備えて真実に話せば良い家庭礼拝になるでしょう。神は家庭を通して幸いがもたらされ、家庭礼拝を通して信仰が継承されることを切に願っておられるでしょう。家庭礼拝を定期的にささげるのが困難なときもあるでしょう。でもそのようなときも、主を信頼する信仰を持って、

家族の救いと信仰継承の祝福を待ち望みながら挑戦しましょう。

「もしも親族、特に自分の家族の世話をしない人がいるなら、その人は信仰を否定しているのであって、不信者よりも劣っているのです」

(テモテへの手紙第一5:8)

結論

聖書は「今日」を終わりの時代、曲がった時代、困難な時代であると教えています。このような時代に生かされている教会とキリスト者の尊い使命は「回復」です。すなわち礼拝の回復、祈りの回復、家庭礼拝の回復、信仰継承の回復、キリストの生き方の回復、宣教のスピリットの回復です。その回復の使命の一つが家庭礼拝と信仰継承の回復です。聖霊に導かれ、満たされていた初代教会は、家庭を中心にして礼拝を守り、家族に信仰を継承し、交わりを持ち、福音を証しする使命を果たしました。今日の教会も、礼拝を守り信仰を次世代に継承するために何よりも必要なことは、家庭礼拝の回復です。この家庭礼拝は、家族の信仰継承のために神が示してくださった素晴らしいプレゼントです。家族一人一人が、信仰の対象であり祈りの対象であり賛美の対象である神を中心に生きることは何よりも大きな祝福でしょう。家族がこの祝福を体験し、その祝福を次世代に伝えるためには、家族伝道と信仰継承と家庭礼拝を大切にしなければなりません。

「幸いなことよ 主を恐れ 主の道を歩むすべての人は。あなたがその手で労した実りを食べること それはあなたの幸い あなたへの恵み。あなたの妻は 家の奥で たわわに実るぶどうの木のようだ。あなたの子どもたちは 食卓を囲むとき まるでオリーブの若木のようだ。見よ 主を恐れる人は 確かに このように祝福を受ける。主がシオンからあなたを祝福されるように。あなたは いのちの日の限り エルサレムへのいつくしみを見よ。あなたの子らの子たちを見よ。イスラエルの上に平和があるように」

(詩篇128:1-6)

第12課　個人伝道と救いの証し

序　論

　キリスト者の高貴な召命の一つは人々に福音を宣べ伝えることです。この召命（働き）は説教者と牧会者、伝道者と宣教師だけに与えられている働きでしょうか。そうではありません。聖書は、すべてのキリスト者が個人的に会う隣人、友人、知人に福音を宣べ伝えなければならないことを明確に教えています。英国の福音伝道者であるジョン・ウェスレーは、「キリスト者一人一人の個人伝道の経験は、新生の経験と同じくらい重要です」と語りました。すべてのキリスト者は、いつでもどこでも個人的に福音を宣べ伝えるために、個人伝道の訓練を受ける必要があります。また、自分がどんな状況の中から救われたのかについて人々に説明する救いの証しを備える必要があります。すべてのキリスト者が個人伝道と救いの証しを自分の生活の中で生かしながら福音を人々に宣べ伝えるようになれば、教会は必ず成長するでしょう。

1. キリスト者一人一人の使命である福音伝道

　キリスト者一人一人が福音を宣べ伝えることは、救い主であるイエス・キリストに従っているしるしです。神のみこころに従っているしるしです。人の救いのために働いておられる聖霊の導きと助けを切に求めている生き方でもあります。キリスト者はこの事実をしっかり覚えて、いつでもどこにいても個人的に会う人々に福音を宣べ伝える使命があります。

　　「ですから、あなたがたは行って、あらゆる国の人々を弟子としなさい。父、子、聖霊の名において彼らにバプテスマを授け、わたしがあなたがたに命じておいた、すべてのことを守るように教えなさい。見よ。わたしは世の終わりまで、いつもあなたがたとともにいます」

（マタイの福音書28:19-20）

　　「彼らが祈り終えると、集まっていた場所が揺れ動き、一同は聖霊に満た

され、神のことばを大胆に語り出した」 (使徒の働き4:31)

「そして毎日、宮や家々でイエスがキリストであると教え、宣べ伝えることをやめなかった」 (使徒の働き5:42)

「さて、ステパノのことから起こった迫害により散らされた人々は、フェニキア、キプロス、アンティオキアまで進んで行ったが、ユダヤ人以外の人には、だれにもみことばを語らなかった。ところが、彼らの中にキプロス人とクレネ人が何人かいて、アンティオキアに来ると、ギリシア語を話す人たちにも語りかけ、主イエスの福音を宣べ伝えた。そして、主の御手が彼らとともにあったので、大勢の人が信じて主に立ち返った」 (使徒の働き11:19-21)

「パウロがこの幻を見たとき、私たちはただちにマケドニアに渡ることにした。彼らに福音を宣べ伝えるために、神が私たちを召しておられるのだと確信したからである」 (使徒の働き16:10)

「私は福音を恥としません。福音は、ユダヤ人をはじめギリシア人にも、信じるすべての人に救いをもたらす神の力です」 (ローマ人への手紙1:16)

「『主の御名を呼び求める者はみな救われる』のです。しかし、信じたことのない方を、どのようにして呼び求めるのでしょうか。聞いたことのない方を、どのようにして信じるのでしょうか。宣べ伝える人がいなければ、どのようにして聞くのでしょうか。遣わされることがなければ、どのようにして宣べ伝えるのでしょうか。『なんと美しいことか、良い知らせを伝える人たちの足は』と書いてあるようにです」 (ローマ人への手紙10:13-15)

「神の御前で、また、生きている人と死んだ人をさばかれるキリスト・イエスの御前で、その現れとその御国を思いながら、私は厳かに命じます。みことばを宣べ伝えなさい。時が良くても悪くてもしっかりやりなさい。忍耐の限りを尽くし、絶えず教えながら、責め、戒め、また勧めなさい」 (テモテへの手紙第二4:1-2)

「神は、定められた時に、みことばを宣教によって明らかにされました。私はこの宣教を、私たちの救い主である神の命令によって委ねられたのです──」 (テトスへの手紙1:3)

キリスト者一人一人の集まりである教会が、福音を恥としないで忠実に宣べ伝えるようになれば、その教会は必ず祝福されるでしょう。

　＜伝道する教会に与えられる10の祝福＞
● 教会が聖霊に導かれます。
● 教会に霊的な喜びと活力があふれるようになります。
● 聖徒たちが体験的信仰を持つようになります。
● 聖徒たちの信仰が熱くなります。
● 礼拝に神の恵みが満ちあふれるようになります。
● 教会の問題が自然に解決されます。
● 聖徒たちが主にあって一つになります。
● 聖徒たちが喜んで主と教会に仕えるようになります。
● 聖徒たちが霊的に祝福されます。
● 教会が成長します。

2. 個人伝道

　聖霊に満たされ聖霊に導かれていた初代教会では、使徒だけではなく一般の信徒も福音を宣べ伝える模範を示してくれています。彼らは時が良くても悪くても福音であるみことばを宣べ伝えました。イエスをキリストとして信じている人々の集まりである教会は、救霊の働きのために神に召されている共同体です。キリスト者は毎週、教会でみことばを聞くことも大事ですが、聞いたみことばと福音をあらゆる人々に宣べ伝えることも大事であることを知らなければなりません。なぜなら、それがこの地上に教会が存在する理由であり、教会の基本的な使命だからです。イエス・キリストが福音宣教のために弟子たちを選び、訓練して、世に遣わしたように、今日のキリストの教会も、信徒一人一人を個人伝道ができるように訓練し、いつでもどんなことがあっても福音を宣べ伝えることができるように導く必要があります。

第12課　個人伝道と救いの証し

1) イエスの個人伝道

　イエスは救いと癒やしを求めて自分のところに来る人々に会い、彼らに必要なみことばと恵みを与えてくださいました。また救いが必要な人々のところを自ら訪ねて、彼らに必要なみことばと救いと癒やしと使命を与えてくださいました。個人伝道のためには、イエスのように自分のところを訪ねて来る一人一人を大事にしなければなりません。また、みことばと救いを求めている人々と良い関係を持ち、必要なときに個人的に福音を証しする必要があります。

　「この時からイエスは宣教を開始し、『悔い改めなさい。天の御国が近づいたから』と言われた」　　　　　　　　　　　　　　（マタイの福音書4:17-22）
　「イエスが山から下りて来られると、大勢の群衆がイエスに従った。すると見よ。ツァラアトに冒された人がみもとに来て、イエスに向かってひれ伏し、『主よ、お心一つで私をきよくすることがおできになります』と言った。イエスは手を伸ばして彼にさわり、『わたしの心だ。きよくなれ』と言われた。すると、すぐに彼のツァラアトはきよめられた。イエスは彼に言われた。『だれにも話さないように気をつけなさい。ただ行って自分を祭司に見せなさい。そして、人々への証しのために、モーセが命じたささげ物をしなさい』」　　　　　　　　　　　　　（マタイの福音書8:1-4）
　「イエスがカペナウムに入られると、一人の百人隊長がみもとに来て懇願し、『主よ、私のしもべが中風のために家で寝込んでいます。ひどく苦しんでいます』と言った。イエスは彼に『行って彼を治そう』と言われた」
　　　　　　　　　　　　　　　　　　　　　　　　（マタイの福音書8:5-7）
　「それからイエスはペテロの家に入り、彼の姑が熱を出して寝込んでいるのをご覧になった。イエスは彼女の手に触れられた。すると熱がひき、彼女は起きてイエスをもてなした」　　　　　　　　　　　（マタイの福音書8:14-15）
　「イエスはそこから進んで行き、マタイという人が収税所に座っているのを見て、『わたしについて来なさい』と言われた。すると、彼は立ち上がってイエスに従った」　　　　　　　　　　　　　　　　（マタイの福音書9:9）
　「その人たちが出て行くと、見よ、人々はイエスのもとに、悪霊につかれ

て口のきけない人を連れて来た。悪霊が追い出されると、口のきけない人がものを言うようになった。群衆は驚いて、『こんなことはイスラエルで、いまだかつて起こったことがない』と言った。しかし、パリサイ人たちは、『彼は悪霊どものかしらによって悪霊どもを追い出しているのだ』と言った」
 (マタイの福音書9:32-34)

「イエスはその場所に来ると、上を見上げて彼に言われた。『ザアカイ、急いで降りて来なさい。わたしは今日、あなたの家に泊まることにしているから。』ザアカイは急いで降りて来て、喜んでイエスを迎えた。人々はみな、これを見て、『あの人は罪人のところに行って客となった』と文句を言った。しかし、ザアカイは立ち上がり、主に言った。『主よ、ご覧ください。私は財産の半分を貧しい人たちに施します。だれかから脅し取った物があれば、四倍にして返します。』イエスは彼に言われた。『今日、救いがこの家に来ました。この人もアブラハムの子なのですから。人の子は、失われた者を捜して救うために来たのです』」 (ルカの福音書19:5-10)

「さて、パリサイ人の一人で、ニコデモという名の人がいた。ユダヤ人の議員であった。この人が、夜、イエスのもとに来て言った。『先生。私たちは、あなたが神のもとから来られた教師であることを知っています。神がともにおられなければ、あなたがなさっているこのようなしるしは、だれも行うことができません。』イエスは答えられた。『まことに、まことに、あなたに言います。人は、新しく生まれなければ、神の国を見ることはできません』」
 (ヨハネの福音書3:1-3)

「それでイエスは、ヤコブがその子ヨセフに与えた地所に近い、スカルというサマリアの町に来られた。そこにはヤコブの井戸があった。イエスは旅の疲れから、その井戸の傍らに、ただ座っておられた。時はおよそ第六の時であった。一人のサマリアの女が、水を汲みに来た。イエスは彼女に、『わたしに水を飲ませてください』と言われた。弟子たちは食物を買いに、町へ出かけていた。そのサマリアの女は言った。『あなたはユダヤ人なのに、どうしてサマリアの女の私に、飲み水をお求めになるのですか。』ユダヤ人はサマリア人と付き合いをしなかったのである。イエスは答えられた。『もしあなたが神の賜物を知り、また、水を飲ませてくださいとあな

「たに言っているのがだれなのかを知っていたら、あなたのほうからその人に求めていたでしょう。そして、その人はあなたに生ける水を与えたことでしょう』」 (ヨハネの福音書4:5-10)

「イエスは身を起こして、彼女に言われた。『女の人よ、彼らはどこにいますか。だれもあなたにさばきを下さなかったのですか。』彼女は言った。『はい、主よ。だれも。』イエスは言われた。『わたしもあなたにさばきを下さない。行きなさい。これからは、決して罪を犯してはなりません』」 (ヨハネの福音書8:10-11)

「さて、イエスは通りすがりに、生まれたときから目の見えない人をご覧になった。弟子たちはイエスに尋ねた。『先生。この人が盲目で生まれたのは、だれが罪を犯したからですか。この人ですか。両親ですか。』イエスは答えられた。『この人が罪を犯したのでもなく、両親でもありません。この人に神のわざが現れるためです。わたしたちは、わたしを遣わされた方のわざを、昼のうちに行わなければなりません。だれも働くことができない夜が来ます。わたしが世にいる間は、わたしが世の光です。』イエスはこう言ってから、地面に唾をして、その唾で泥を作られた。そして、その泥を彼の目に塗って、『行って、シロアム（訳すと、遣わされた者）の池で洗いなさい』と言われた。そこで、彼は行って洗った。すると、見えるようになり、帰って行った」 (ヨハネの福音書9:1-7)

2) 使徒パウロの個人伝道

「二人は聖霊によって送り出され、セレウキアに下り、そこからキプロスに向けて船出し、サラミスに着くとユダヤ人の諸会堂で神のことばを宣べ伝えた。彼らはヨハネも助手として連れていた。島全体を巡回してパポスまで行ったところ、ある魔術師に出会った。バルイエスという名のユダヤ人で、偽預言者であった。この男は、地方総督セルギウス・パウルスのもとにいた。この総督は賢明な人で、バルナバとサウロを招いて神のことばを聞きたいと願った。ところが、その魔術師エリマ（その名を訳すと、魔術師）は、二人に反対して総督を信仰から遠ざけようとした。すると、サウロ、別名パウロは、聖霊に満たされ、彼をにらみつけて、こう言った。

『ああ、あらゆる偽りとあらゆる悪事に満ちた者、悪魔の子、すべての正義の敵、おまえは、主のまっすぐな道を曲げることをやめないのか。見よ、主の御手が今、おまえの上にある。おまえは盲目になって、しばらくの間、日の光を見ることができなくなる。』するとたちまち、かすみと闇が彼をおおったため、彼は手を引いてくれる人を探し回った。総督はこの出来事を見て、主の教えに驚嘆し、信仰に入った」 (使徒の働き13:4-12)

「さてリステラで、足の不自由な人が座っていた。彼は生まれつき足が動かず、これまで一度も歩いたことがなかった。彼はパウロの話すことに耳を傾けていた。パウロは彼をじっと見つめ、癒やされるにふさわしい信仰があるのを見て、大声で『自分の足で、まっすぐに立ちなさい』と言った。すると彼は飛び上がり、歩き出した」 (使徒の働き14:8-10)

「リディアという名の女の人が聞いていた。ティアティラ市の紫布の商人で、神を敬う人であった。主は彼女の心を開いて、パウロの語ることに心を留めるようにされた。そして、彼女とその家族の者たちがバプテスマを受けたとき、彼女は『私が主を信じる者だとお思いでしたら、私の家に来てお泊まりください』と懇願し、無理やり私たちにそうさせた」
(使徒の働き16:14-15)

「パウロは大声で『自害してはいけない。私たちはみなここにいる』と叫んだ。看守は明かりを求めてから、牢の中に駆け込み、震えながらパウロとシラスの前にひれ伏した。そして二人を外に連れ出して、『先生方。救われるためには、何をしなければなりませんか』と言った。二人は言った。『主イエスを信じなさい。そうすれば、あなたもあなたの家族も救われます。』そして、彼と彼の家にいる者全員に、主のことばを語った。看守はその夜、時を移さず二人を引き取り、打ち傷を洗った。そして、彼とその家の者全員が、すぐにバプテスマを受けた。それから二人を家に案内して、食事のもてなしをし、神を信じたことを全家族とともに心から喜んだ」
(使徒の働き16:28-34)

「実は私自身も、ナザレ人イエスの名に対して、徹底して反対すべきであると考えていました。そして、それをエルサレムで実行しました。祭司長たちから権限を受けた私は、多くの聖徒たちを牢に閉じ込め、彼らが殺さ

第12課　個人伝道と救いの証し

れるときには賛成の票を投じました。そして、すべての会堂で、何度も彼らに罰を科し、御名を汚すことばを無理やり言わせ、彼らに対する激しい怒りに燃えて、ついには国外の町々にまで彼らを迫害して行きました。このような次第で、私は祭司長たちから権限と委任を受けてダマスコへ向かいましたが、その途中のこと、王様、真昼に私は天からの光を見ました。それは太陽よりも明るく輝いて、私と私に同行していた者たちの周りを照らしました。私たちはみな地に倒れましたが、そのとき私は、ヘブル語で自分に語りかける声を聞きました。『サウロ、サウロ、なぜわたしを迫害するのか。とげの付いた棒を蹴るのは、あなたには痛い。』私が『主よ、あなたはどなたですか』と言うと、主はこう言われました。『わたしは、あなたが迫害しているイエスである。起き上がって自分の足で立ちなさい。わたしがあなたに現れたのは、あなたがわたしを見たことや、わたしがあなたに示そうとしていることについて、あなたを奉仕者、また証人に任命するためである。わたしは、あなたをこの民と異邦人の中から救い出し、彼らのところに遣わす。それは彼らの目を開いて、闇から光に、サタンの支配から神に立ち返らせ、こうしてわたしを信じる信仰によって、彼らが罪の赦しを得て、聖なるものとされた人々とともに相続にあずかるためである。』こういうわけで、アグリッパ王よ、私は天からの幻に背かず、ダマスコにいる人々をはじめエルサレムにいる人々に、またユダヤ地方全体に、さらに異邦人にまで、悔い改めて神に立ち返り、悔い改めにふさわしい行いをするようにと宣べ伝えてきました。そのために、ユダヤ人たちは私を宮の中で捕らえ、殺そうとしたのです。このようにして、私は今日に至るまで神の助けを受けながら、堅く立って、小さい者にも大きい者にも証しをしています。そして、話してきたことは、預言者たちやモーセが後に起こるはずだと語ったことにほかなりません。すなわち、キリストが苦しみを受けること、また、死者の中から最初に復活し、この民にも異邦人にも光を宣べ伝えることになると話したのです」　　　　（使徒の働き26:9-23)

「『王様はこれらのことをよくご存じですので、その王様に対して私は率直に申し上げているのです。このことは片隅で起こった出来事ではありませんから、そのうちの一つでも、王様がお気づきにならなかったことはな

い、と確信しています。アグリッパ王よ、王様は預言者たちを信じておられますか。信じておられることと思います。』するとアグリッパはパウロに、『おまえは、わずかな時間で私を説き伏せて、キリスト者にしようとしている』と言った。しかし、パウロはこう答えた。『わずかな時間であろうと長い時間であろうと、私が神に願っているのは、あなたばかりでなく今日私の話を聞いておられる方々が、この鎖は別として、みな私のようになってくださることです』」

(使徒の働き26：26-29)

3. 救いの証し

　キリストを信じる人には、心の中に証しがあります。「神の御子を信じる者は、その証しを自分のうちに持っています。神を信じない者は、神を偽り者としています。神が御子について証しされた証言を信じていないからです」(ヨハネの手紙第一5：10)。キリストによる救いの喜びと、変えられた生活の恵みがあるからです。キリストにあるこの救いと恵みを他の人々と分かち合うことが証しです。今までの自分の人生を、キリストにあって整理することによって、新しい心をもって、新しい生活に向けて再出発することができます。キリスト者は、いつでもどこででも救いの証しができるように準備していることが大切です。準備ができていれば、友人から「あなたはなぜクリスチャンになりましたか。クリスチャンになったきっかけは何ですか」と質問されたとき、自分の救いの証しを用いて福音を宣べ伝えることができるでしょう。

　　「むしろ、心の中でキリストを主とし、聖なる方としなさい。あなたがたのうちにある希望について説明を求める人には、だれにでも、いつでも弁明できる用意をしていなさい」

(ペテロの手紙第一3：15)

　　「イエスが舟に乗ろうとされると、悪霊につかれていた人がお供させてほしいとイエスに願った。しかし、イエスはお許しにならず、彼にこう言われた。『あなたの家、あなたの家族のところに帰りなさい。そして、主があなたに、どんなに大きなことをしてくださったか、どんなにあわれんでくださったかを知らせなさい。』それで彼は立ち去り、イエスが自分にど

れほど大きなことをしてくださったかを、デカポリス地方で言い広め始めた。人々はみな驚いた」 (マルコの福音書5:18-20)

「イエスは彼女に言われた。『女の人よ、わたしを信じなさい。この山でもなく、エルサレムでもないところで、あなたがたが父を礼拝する時が来ます。救いはユダヤ人から出るのですから、わたしたちは知って礼拝していますが、あなたがたは知らないで礼拝しています。しかし、まことの礼拝者たちが、御霊と真理によって父を礼拝する時が来ます。今がその時です。父はそのような人たちを、ご自分を礼拝する者として求めておられるのです。神は霊ですから、神を礼拝する人は、御霊と真理によって礼拝しなければなりません。』女はイエスに言った。『私は、キリストと呼ばれるメシアが来られることを知っています。その方が来られるとき、一切のことを私たちに知らせてくださるでしょう。』イエスは言われた。『あなたと話しているこのわたしがそれです。』そのとき、弟子たちが戻って来て、イエスが女の人と話しておられるのを見て驚いた。だが、『何をお求めですか』『なぜ彼女と話しておられるのですか』と言う人はだれもいなかった。彼女は、自分の水がめを置いたまま町へ行き、人々に言った。『来て、見てください。私がしたことを、すべて私に話した人がいます。もしかすると、この方がキリストなのでしょうか』」

(ヨハネの福音書4:21-29、サマリアの女の証し)

「そこで彼らは、目の見えなかったその人をもう一度呼び出して言った。『神に栄光を帰しなさい。私たちはあの人が罪人であることを知っているのだ。』彼は答えた。『あの方が罪人かどうか私は知りませんが、一つのことは知っています。私は盲目であったのに、今は見えるということです。』彼らは言った。『あの人はおまえに何をしたのか。どのようにしておまえの目を開けたのか。』彼は答えた。『すでに話しましたが、あなたがたは聞いてくれませんでした。なぜもう一度聞こうとするのですか。あなたがたも、あの方の弟子になりたいのですか。』彼らは彼をののしって言った。『おまえはあの者の弟子だが、私たちはモーセの弟子だ。神がモーセに語られたということを私たちは知っている。しかし、あの者については、どこから来たのか知らない。』その人は彼らに答えた。『これは驚きです。あ

の方がどこから来られたのか、あなたがたが知らないとは。あの方は私の目を開けてくださったのです。私たちは知っています。神は、罪人たちの言うことはお聞きになりませんが、神を敬い、神のみこころを行う者がいれば、その人の言うことはお聞きくださいます。盲目で生まれた者の目を開けた人がいるなどと、昔から聞いたことがありません。あの方が神から出ておられるのでなかったら、何もできなかったはずです。』彼らは答えて言った。『おまえは全く罪の中に生まれていながら、私たちを教えるのか。』そして、彼を外に追い出した」

(ヨハネの福音書9:24-34、目が見えるようになった人の証し)

「翌日、民の指導者たち、長老たち、律法学者たちは、エルサレムに集まった。大祭司アンナス、カヤパ、ヨハネ、アレクサンドロと、大祭司の一族もみな出席した。彼らは二人を真ん中に立たせて、『おまえたちは何の権威によって、また、だれの名によってあのようなことをしたのか』と尋問した。そのとき、ペテロは聖霊に満たされて、彼らに言った。『民の指導者たち、ならびに長老の方々。私たちが今日取り調べを受けているのが、一人の病人に対する良いわざと、その人が何によって癒やされたのかということのためなら、皆さんも、またイスラエルのすべての民も、知っていただきたい。この人が治ってあなたがたの前に立っているのは、あなたがたが十字架につけ、神が死者の中からよみがえらせたナザレ人イエス・キリストの名によることです。「あなたがた家を建てる者たちに捨てられた石、それが要の石となった」というのは、この方のことです。この方以外には、だれによっても救いはありません。天の下でこの御名のほかに、私たちが救われるべき名は人間に与えられていないからです』」

(使徒の働き4:5-12、ペテロの証し)

「『あの名によって教えてはならないと厳しく命じておいたではないか。それなのに、何ということだ。おまえたちはエルサレム中に自分たちの教えを広めてしまった。そして、あの人の血の責任をわれわれに負わせようとしている。』しかし、ペテロと使徒たちは答えた。『人に従うより、神に従うべきです。私たちの父祖の神は、あなたがたが木にかけて殺したイエスを、よみがえらせました。神は、イスラエルを悔い改めさせ、罪の赦し

第12課　個人伝道と救いの証し

を与えるために、このイエスを導き手、また救い主として、ご自分の右に上げられました。私たちはこれらのことの証人です。神がご自分に従う者たちにお与えになった聖霊も証人です』」

　　　　　　　　　　　（使徒の働き5:28-32、ペテロと使徒たちの証し）

「『兄弟ならびに父である皆さん。今から申し上げる私の弁明を聞いてください。』パウロがヘブル語で語りかけるのを聞いて、人々はますます静かになった。そこでパウロは言った。『私は、キリキアのタルソで生まれたユダヤ人ですが、この町で育てられ、ガマリエルのもとで先祖の律法について厳しく教育を受け、今日の皆さんと同じように、神に対して熱心な者でした。そしてこの道を迫害し、男でも女でも縛って牢に入れ、死にまでも至らせました。このことについては、大祭司や長老会全体も私のために証言してくれます。この人たちから兄弟たちに宛てた手紙まで受け取って、私はダマスコへ向かいました。そこにいる者たちも縛り上げ、エルサレムに引いて来て処罰するためでした。私が道を進んで、真昼ごろダマスコの近くまで来たとき、突然、天からのまばゆい光が私の周りを照らしました。私は地に倒れ、私に語りかける声を聞きました。「サウロ、サウロ、どうしてわたしを迫害するのか。」私が答えて、「主よ、あなたはどなたですか」と言うと、その方は私に言われました。「わたしは、あなたが迫害しているナザレのイエスである。」一緒にいた人たちは、その光は見たのですが、私に語っている方の声は聞き分けられませんでした。私が「主よ、私はどうしたらよいでしょうか」と尋ねると、主は私に言われました。「起き上がって、ダマスコに行きなさい。あなたが行うように定められているすべてのことが、そこであなたに告げられる」と。私はその光の輝きのために目が見えなくなっていたので、一緒にいた人たちに手を引いてもらって、ダマスコに入りました。すると、律法に従う敬虔な人で、そこに住んでいるすべてのユダヤ人たちに評判の良い、アナニアという人が、私のところに来て、そばに立ち、「兄弟サウロ、再び見えるようになりなさい」と言いました。するとそのとき、私はその人が見えるようになりました。彼はこう言いました。「私たちの父祖の神は、あなたをお選びになりました。あなたがみこころを知り、義なる方を見、その方の口から御声を

聞くようになるためです。あなたはその方のために、すべての人に対して、見聞きしたことを証しする証人となるのです。さあ、何をためらっているのですか。立ちなさい。その方の名を呼んでバプテスマを受け、自分の罪を洗い流しなさい。」それから私がエルサレムに帰り、宮で祈っていたとき、私は夢心地になりました。そして主を見たのです。主は私にこう語られました。「早く、急いでエルサレムを離れなさい。わたしについてあなたがする証しを、人々は受け入れないから。」そこで私は答えました。「主よ。この私が会堂ごとに、あなたを信じる者たちを牢に入れたり、むちで打ったりしていたのを、彼らは知っています。また、あなたの証人ステパノの血が流されたとき、私自身もその場にいて、それに賛成し、彼を殺した者たちの上着の番をしていたのです。」すると主は私に、「行きなさい。わたしはあなたを遠く異邦人に遣わす」と言われました』」

(使徒の働き22:1-21、パウロの証し)

4. 救いの証しの四つのポイント

1) キリストを信じる前の自分

　家族関係、どんな生活をしてきたのか、何を求めていたのか、どんな悩みがあったのかなどについてまとめます。

2) 救いを求めるようになったきっかけ

　いつ、どこで、どのようにして聖書に接し、キリストについて知るようになったのか、教会に来るようになったきっかけ、救いを求めるようになったいきさつなどについてまとめます。

3) イエス・キリストに対する信仰告白

　イエス・キリストを救い主として受け入れた決心、救いの確信が与えられたみことば、罪の告白と救われた喜び、キリストの十字架と自分の罪との関係、キリストと自分との関係、神の子とされた喜び、変えられた生活と心などにつ

いてまとめます。

4) これから目指す生き方

みことばに従う人生、神中心、教会中心、聖書中心の生活など、これからどのように生きていきたいのか、どのようなことを大切にしたいのかについてまとめます。

結　論

キリスト者は、個人的に友人、知人に福音を宣べ伝えて、福音の力と相手が救われる恵みと喜びを具体的に体験することが大切です。個人伝道によって相手が救われたとしたら、それは二人だけの喜びにとどまりません。天国の民も共に喜んでくれるのです。この霊的な喜びと祝福を体験するために、キリスト者一人一人が、個人伝道ができるよう訓練を受ける必要があります。伝道訓練を受け、個人的に福音を友人、知人に宣べ伝える人が増えれば増えるほど、その教会は祝福されるでしょう。また、いつでもどんな状況に置かれても、福音を証しするために自分の救いの証しをしっかり準備する必要があります。

> 「あなたがたに言います。それと同じように、一人の罪人が悔い改めるなら、悔い改める必要のない九十九人の正しい人のためよりも、大きな喜びが天にあるのです」
> （ルカの福音書15:7）

第13課　伝道訓練と伝道実践

序　論

　多くのキリスト者は主日に礼拝をささげています。しかし、キリストの証人の生き方である福音伝道に対しては恐れがあり、実際に伝道をしているキリスト者は少ないようです。教会のかしらであるキリストは弟子たちに「全世界に出て行き、すべての造られた者に福音を宣べ伝えなさい」(マルコの福音書16:15)と命じました。また、「しかし、聖霊があなたがたの上に臨むとき、あなたがたは力を受けます。そして、エルサレム、ユダヤとサマリアの全土、さらに地の果てまで、わたしの証人となります」(使徒の働き1:8)と約束しました。救い主であり教会のかしらであるキリストがこのように命じ、約束なさったにもかかわらず、今日のキリスト者はなぜキリストの大胆な証人になることができないのでしょうか。その理由は、教会が信徒一人一人に実際的な伝道訓練を実施していないからでしょう。信徒が伝道の訓練を受けることなく、突然有能な伝道者になることは難しいでしょう。有能な伝道者は自然に生まれることより、訓練を通して養成されていくことのほうが多いのです。だれでも神と人を愛する愛を持ち、聖霊の助けを絶えず求めながら伝道訓練を受け、その訓練を繰り返し実践すれば、有能な伝道者になるでしょう。

1. 伝道訓練

　教会の大切な使命の一つは、福音とみことばを宣べ伝えることです。これは、教会の主であるキリストがこの地上で自ら模範を示してくださった尊い生き方であり、命令です。困難な時代の中で尊く用いられた初代エルサレムとアンティオキアの教会が、次世代の教会のために残した大事な遺産でもあります。

　「それからイエスは、すべての町や村を巡って、会堂で教え、御国の福音を宣べ伝え、あらゆる病気、あらゆるわずらいを癒やされた」

(マタイの福音書9:35)

　「ですから、あなたがたは行って、あらゆる国の人々を弟子としなさい。

父、子、聖霊の名において彼らにバプテスマを授け、わたしがあなたがたに命じておいた、すべてのことを守るように教えなさい。見よ。わたしは世の終わりまで、いつもあなたがたとともにいます」

(マタイの福音書28:19-20)

「ペテロは、ほかにも多くのことばをもって証しをし、『この曲がった時代から救われなさい』と言って、彼らに勧めた。彼のことばを受け入れた人々はバプテスマを受けた。その日、三千人ほどが仲間に加えられた。彼らはいつも、使徒たちの教えを守り、交わりを持ち、パンを裂き、祈りをしていた」

(使徒の働き2:40-42)

「ところが、彼らの中にキプロス人とクレネ人が何人かいて、アンティオキアに来ると、ギリシア語を話す人たちにも語りかけ、主イエスの福音を宣べ伝えた。そして、主の御手が彼らとともにあったので、大勢の人が信じて主に立ち返った。この知らせがエルサレムにある教会の耳に入ったので、彼らはバルナバをアンティオキアに遣わした。バルナバはそこに到着し、神の恵みを見て喜んだ。そして、心を堅く保っていつも主にとどまっているようにと、皆を励ました」

(使徒の働き11:20-23)

　教会のために受ける苦しみを喜び、次世代の教会のことを真剣に考えた使徒パウロも、福音を宣べ伝える使命を具体的に示しました。

「パウロは、まる二年間、自費で借りた家に住み、訪ねて来る人たちをみな迎えて、少しもはばかることなく、また妨げられることもなく、神の国を宣べ伝え、主イエス・キリストのことを教えた」　(使徒の働き28:30-31)

「私たちはこのキリストを宣べ伝え、あらゆる知恵をもって、すべての人を諭し、すべての人を教えています。すべての人を、キリストにあって成熟した者として立たせるためです。このために、私は自分のうちに力強く働くキリストの力によって、労苦しながら奮闘しています」

(コロサイ人への手紙1:28-29)

「神の御前で、また、生きている人と死んだ人をさばかれるキリスト・イエスの御前で、その現れとその御国を思いながら、私は厳かに命じます。

みことばを宣べ伝えなさい。時が良くても悪くてもしっかりやりなさい。忍耐の限りを尽くし、絶えず教えながら、責め、戒め、また勧めなさい」

(テモテへの手紙第二4:1-2)

　このように聖書は、福音を宣べ伝え、教える使命を具体的に示しています。教会がこの使命を忠実に果たすことは、キリストに従い、聖霊に満たされ聖霊に導かれた初代教会にならい、使徒たちの教えと聖書中心の信仰にしっかり立つことを意味します。キリスト者一人一人が福音を忠実に宣べ伝え、みことばの中にとどまるなら、その教会には霊的な喜び、愛の交わり、生きる感動、不思議なわざと奇跡、とりなしと賛美がいつも満ちあふれるようになるでしょう。教会が存在している地域と社会に良い影響を与え、救われる人々が加えられる霊的祝福を味わうようになるでしょう。この使命は牧師と宣教師と伝道者だけではなく、すべての信徒に与えられているものです。教会がこの使命を果たすためには、皆が同じ使命感を持つことが大切です。主のために歩んでいきたいという使命感があれば、どんなことがあっても失望しないで福音とみことばを宣べ伝えるために、教えることも学ぶことも、訓練することも訓練を受けることもできます。このようになれば、教会は成長していくでしょう。教会のかしらであるイエス・キリストは、福音とみことばを全世界に宣べ伝えるために弟子たちを呼んで、三年間、ご自身の生き方を通して彼らを教え、訓練して、この世に遣わしました。神に尊く用いられた使徒パウロも行く先々で主の教会を守り、福音を宣べ伝えるために信徒を教え、訓練することを大事にしました。

　「ですから、私が三年の間、夜も昼も、涙とともにあなたがた一人ひとりを訓戒し続けてきたことを思い起こして、目を覚ましていなさい。今私は、あなたがたを神とその恵みのみことばにゆだねます。みことばは、あなたがたを成長させ、聖なるものとされたすべての人々とともに、あなたがたに御国を受け継がせることができるのです。私は、人の金銀や衣服を貪ったことはありません。あなたがた自身が知っているとおり、私の両手は、自分の必要のためにも、ともにいる人たちのためにも働いてきました。このように労苦して、弱い者を助けなければならないこと、また、主イエス

ご自身が『受けるよりも与えるほうが幸いである』と言われたみことばを、覚えているべきだということを、私はあらゆることを通してあなたがたに示してきたのです」　　　　　　　　　　　　　　　（使徒の働き20:31-35）

　キリスト者は伝道説教と伝道の証しを聞いたからといって、突然伝道者に変わるわけではありません。人は訓練によって変わります。強い訓練が強い兵士を作るように、強い訓練が有能な伝道者を作るのです。有能な伝道者は突然生まれるものではありません。牧会者がキリスト者一人一人に持続的な伝道訓練を受けさせることによって徐々に伝道者として変わっていきます。決してある日突然生まれるものではありません。ですから牧会者は信徒一人一人が伝道者になるように彼らを訓練するトレーナーにならなければなりません。キリストが弟子たちを福音伝道のために三年間訓練したように、教会はキリスト者一人一人を福音伝道のために訓練する必要があります。

2. 伝道のパターン

　聖書にはいろいろな伝道のパターンが書かれています。キリスト者は伝道訓練を受け、自分に合う伝道のパターンを探す必要があります。キリスト者が福音を宣べ伝えることによって、相手には救いの恵みが、自身には霊的な喜びが与えられます。福音を宣べ伝えることは、神と人を愛するしるしです。自分が頂いた神の愛を人々と分け合う祝福です。神の愛を実践するとき、喜びがあるはずです。神の愛を実践する伝道は決して重荷ではありません。キリスト者は自分が喜んでできる伝道のパターンを確認しながら、友人、知人、家族、親戚、関係をもっている人、その他会う人々に福音を宣べ伝える使命があります。

1) 関係伝道（Come & See 伝道）

　「イエスは彼らに言われた。『来なさい。そうすれば分かります。』そこで、彼らはついて行って、イエスが泊まっておられるところを見た。そしてその日、イエスのもとにとどまった。時はおよそ第十の時であった。ヨハネから聞いてイエスについて行った二人のうちの一人は、シモン・ペテロの

兄弟アンデレであった。彼はまず自分の兄弟シモンを見つけて、『私たちはメシア（訳すと、キリスト）に会った』と言った。彼はシモンをイエスのもとに連れて来た。イエスはシモンを見つめて言われた。『あなたはヨハネの子シモンです。あなたはケファ（言い換えれば、ペテロ）と呼ばれます』」

（ヨハネの福音書1:39-42、アンデレがシモンに）

「ピリポはナタナエルを見つけて言った。『私たちは、モーセが律法の中に書き、預言者たちも書いている方に会いました。ナザレの人で、ヨセフの子イエスです。』ナタナエルは彼に言った。『ナザレから何か良いものが出るだろうか。』ピリポは言った。『来て、見なさい。』イエスはナタナエルが自分の方に来るのを見て、彼について言われた。『見なさい。まさにイスラエル人です。この人には偽りがありません。』ナタナエルはイエスに言った。『どうして私をご存じなのですか。』イエスは答えられた。『ピリポがあなたを呼ぶ前に、あなたがいちじくの木の下にいるのを見ました。』ナタナエルは答えた。『先生、あなたは神の子です。あなたはイスラエルの王です。』イエスは答えられた。『あなたがいちじくの木の下にいるのを見た、とわたしが言ったから信じるのですか。それよりも大きなことを、あなたは見ることになります。』そして言われた。『まことに、まことに、あなたがたに言います。天が開けて、神の御使いたちが人の子の上を上り下りするのを、あなたがたは見ることになります』」

（ヨハネの福音書1:45-51、ピリポがナタナエルに）

「来て、見てください。私がしたことを、すべて私に話した人がいます。もしかすると、この方がキリストなのでしょうか」

（ヨハネの福音書4:29、サマリアの女がスカルの町の人々に）

2) 歓迎伝道（来る人を迎える伝道）

「夕方になり日が沈むと、人々は病人や悪霊につかれた人をみな、イエスのもとに連れて来た。こうして町中の人が戸口に集まって来た。イエスは、様々な病気にかかっている多くの人を癒やされた。また、多くの悪霊を追い出し、悪霊どもがものを言うのをお許しにならなかった。彼らがイエスのことを知っていたからである」

第13課　伝道訓練と伝道実践

(マルコの福音書1:32-34、イエスが病人や悪霊につかれた人に)

「さて、ツァラアトに冒された人がイエスのもとに来て、ひざまずいて懇願した。『お心一つで、私をきよくすることがおできになります。』イエスは深くあわれみ、手を伸ばして彼にさわり、『わたしの心だ。きよくなれ』と言われた。すると、すぐにツァラアトが消えて、その人はきよくなった」

(マルコの福音書1:40-42、イエスがツァラアトに冒された人に)

「そこに、十二年の間、長血をわずらっている女の人がいた。彼女は多くの医者からひどい目にあわされて、持っている物をすべて使い果たしたが、何のかいもなく、むしろもっと悪くなっていた。彼女はイエスのことを聞き、群衆とともにやって来て、うしろからイエスの衣に触れた。『あの方の衣にでも触れれば、私は救われる』と思っていたからである。すると、すぐに血の源が乾いて、病気が癒やされたことをからだに感じた。イエスも、自分のうちから力が出て行ったことにすぐ気がつき、群衆の中で振り向いて言われた。『だれがわたしの衣にさわったのですか。』すると弟子たちはイエスに言った。『ご覧のとおり、群衆があなたに押し迫っています。それでも「だれがわたしにさわったのか」とおっしゃるのですか。』しかし、イエスは周囲を見回して、だれがさわったのかを知ろうとされた。彼女は自分の身に起こったことを知り、恐れおののきながら進み出て、イエスの前にひれ伏し、真実をすべて話した。イエスは彼女に言われた。『娘よ、あなたの信仰があなたを救ったのです。安心して行きなさい。苦しむことなく、健やかでいなさい』」

(マルコの福音書5:25-34、イエスが十二年の間、長血をわずらっている女に)

「さて、パリサイ人の一人で、ニコデモという名の人がいた。ユダヤ人の議員であった。この人が、夜、イエスのもとに来て言った。『先生。私たちは、あなたが神のもとから来られた教師であることを知っています。神がともにおられなければ、あなたがなさっているこのようなしるしは、だれも行うことができません。』イエスは答えられた。『まことに、まことに、あなたに言います。人は、新しく生まれなければ、神の国を見ることはできません』」

(ヨハネの福音書3:1-3、イエスがニコデモに)

「イエスは再びガリラヤのカナに行かれた。イエスが水をぶどう酒にされ

145

た場所である。さてカペナウムに、ある王室の役人がいて、その息子が病気であった。この人は、イエスがユダヤからガリラヤに来られたと聞いて、イエスのところに行った。そして、下って来て息子を癒やしてくださるように願った。息子が死にかかっていたのである。イエスは彼に言われた。『あなたがたは、しるしと不思議を見ないかぎり、決して信じません。』王室の役人はイエスに言った。『主よ。どうか子どもが死なないうちに、下って来てください。』イエスは彼に言われた。『行きなさい。あなたの息子は治ります。』その人はイエスが語ったことばを信じて、帰って行った」

（ヨハネの福音書4:46-50、イエスが王室の役人に）

「そこで彼らは日を定めて、さらに大勢でパウロの宿にやって来た。パウロは、神の国のことを証しし、モーセの律法と預言者たちの書からイエスについて彼らを説得しようと、朝から晩まで説明を続けた」

（使徒の働き28:23）

「パウロは、まる二年間、自費で借りた家に住み、訪ねて来る人たちをみな迎えて、少しもはばかることなく、また妨げられることもなく、神の国を宣べ伝え、主イエス・キリストのことを教えた」　（使徒の働き28:30-31）

3) 個人伝道

「散らされた人たちは、みことばの福音を伝えながら巡り歩いた。ピリポはサマリアの町に下って行き、人々にキリストを宣べ伝えた」

（使徒の働き8:4-5）

「ピリポは口を開き、この聖書の箇所から始めて、イエスの福音を彼に伝えた」

（使徒の働き8:35）

4) 訪問伝道（相手のところに行く伝道）

「さて、イエスは朝早く、まだ暗いうちに起きて寂しいところに出かけて行き、そこで祈っておられた。すると、シモンとその仲間たちがイエスの後を追って来て、彼を見つけ、『皆があなたを捜しています』と言った。イエスは彼らに言われた。『さあ、近くにある別の町や村へ行こう。わたしはそこでも福音を伝えよう。そのために、わたしは出て来たのだから。』

第13課　伝道訓練と伝道実践

こうしてイエスは、ガリラヤ全域にわたって、彼らの会堂で宣べ伝え、悪霊を追い出しておられた」　（マルコの福音書1:35-39、イエスが町や村の人々に）

「イエスは立ち上がって会堂を出て、シモンの家に入られた。シモンの姑がひどい熱で苦しんでいたので、人々は彼女のことをイエスにお願いした。イエスがその枕元に立って熱を叱りつけられると、熱がひいた。彼女はすぐに立ち上がって彼らをもてなし始めた」

（ルカの福音書4:38-39、イエスがシモンの姑に）

「朝になって、イエスは寂しいところに出て行かれた。群衆はイエスを捜し回って、みもとまでやって来た。そして、イエスが自分たちから離れて行かないように、引き止めておこうとした。しかしイエスは、彼らにこう言われた。『ほかの町々にも、神の国の福音を宣べ伝えなければなりません。わたしは、そのために遣わされたのですから。』そしてユダヤの諸会堂で、宣教を続けられた」　（ルカの福音書4:42-44、イエスは他の町にも行く）

「その後、イエスは町や村を巡って神の国を説き、福音を宣べ伝えられた。十二人もお供をした。また、悪霊や病気を治してもらった女たち、すなわち、七つの悪霊を追い出してもらったマグダラの女と呼ばれるマリア、ヘロデの執事クーザの妻ヨハンナ、スザンナ、そのほか多くの女たちも一緒であった。彼女たちは、自分の財産をもって彼らに仕えていた」

（ルカの福音書8:1-3、町や村の人々に）

「すると見よ、ヤイロという人がやって来た。この人は会堂司であった。彼はイエスの足もとにひれ伏して、自分の家に来ていただきたいと懇願した。彼には十二歳ぐらいの一人娘がいて、死にかけていたのであった。それでイエスが出かけられると、群衆はイエスに押し迫って来た」

（ルカの福音書8:41-42、ヤイロの家に）

「十二人は出て行って、村から村へと巡りながら、いたるところで福音を宣べ伝え、癒やしを行った」

（ルカの福音書9:6、弟子たちが村から村へ行って人々に）

「エルサレムには、羊の門の近くに、ヘブル語でベテスダと呼ばれる池があり、五つの回廊がついていた。その中には、病人、目の見えない人、足の不自由な人、からだに麻痺のある人たちが大勢、横になっていた。そこ

147

に、三十八年も病気にかかっている人がいた。イエスは彼が横になっているのを見て、すでに長い間そうしていることを知ると、彼に言われた。『良くなりたいか。』病人は答えた。『主よ。水がかき回されたとき、池の中に入れてくれる人がいません。行きかけると、ほかの人が先に下りて行きます。』イエスは彼に言われた。『起きて床を取り上げ、歩きなさい。』すると、すぐにその人は治って、床を取り上げて歩き出した」

(ヨハネの福音書5:2-3、5-9、イエスが三十八年も病気にかかっている人に)

「イエスはこのように話し、それから弟子たちに言われた。『わたしたちの友ラザロは眠ってしまいました。わたしは彼を起こしに行きます。』弟子たちはイエスに言った。『主よ。眠っているのなら、助かるでしょう。』イエスは、ラザロの死のことを言われたのだが、彼らは睡眠の意味での眠りを言われたものと思ったのである。そこで、イエスは弟子たちに、今度ははっきりと言われた。『ラザロは死にました。あなたがたのため、あなたがたが信じるためには、わたしがその場に居合わせなかったことを喜んでいます。さあ、彼のところへ行きましょう。』そこで、デドモと呼ばれるトマスが仲間の弟子たちに言った。『私たちも行って、主と一緒に死のうではないか』」

(ヨハネの福音書11:11-16、イエスがラザロのところに)

5) 大衆伝道（集まっている群衆にみことばを教える伝道）

「数日たって、イエスが再びカペナウムに来られると、家におられることが知れ渡った。それで多くの人が集まったため、戸口のところまで隙間もないほどになった。イエスは、この人たちにみことばを話しておられた」

(マルコの福音書2:1-2)

「イエスはまた湖のほとりへ出て行かれた。すると群衆がみな、みもとにやって来たので、彼らに教えられた」

(マルコの福音書2:13)

「イエスは、再び湖のほとりで教え始められた。非常に多くの群衆がみもとに集まったので、イエスは湖で、舟に乗って腰を下ろされた。群衆はみな、湖の近くの陸地にいた」

(マルコの福音書4:1)

「イエスは舟から上がって、大勢の群衆をご覧になった。彼らが羊飼いのいない羊の群れのようであったので、イエスは彼らを深くあわれみ、多く

第13課　伝道訓練と伝道実践

のことを教え始められた」　　　　　　　　　　　　（マルコの福音書6:34）

「さて、大勢の群衆が集まり、方々の町から人々がみもとにやって来たので、イエスはたとえを用いて話された」　　　　　　　　（ルカの福音書8:4）

6) 紹介伝道（相手に主のしもべを紹介する伝道）

「アラムの王の軍の長ナアマンは、その主君に重んじられ、尊敬されていた。それは、主が以前に、彼を通してアラムに勝利を与えられたからであった。この人は勇士であったが、ツァラアトに冒されていた。アラムはかつて略奪に出たとき、イスラエルの地から一人の若い娘を捕らえて来ていた。彼女はナアマンの妻に仕えていた。彼女は女主人に言った。『もし、ご主人様がサマリアにいる預言者のところに行かれたら、きっと、その方がご主人様のツァラアトを治してくださるでしょう』」

（列王記第二5:1-3、一人の若い娘がナアマン将軍の妻に預言者エリシャを紹介）

7) 祈禱伝道（相手のために最後まで祈る伝道）

「人々はこれを聞いて、はらわたが煮え返る思いで、ステパノに向かって歯ぎしりしていた。しかし、聖霊に満たされ、じっと天を見つめていたステパノは、神の栄光と神の右に立っておられるイエスを見て、『見なさい。天が開けて、人の子が神の右に立っておられるのが見えます』と言った。人々は大声で叫びながら、耳をおおい、一斉にステパノに向かって殺到した。そして彼を町の外に追い出して、石を投げつけた。証人たちは、自分たちの上着をサウロという青年の足もとに置いた。こうして彼らがステパノに石を投げつけていると、ステパノは主を呼んで言った。『主イエスよ、私の霊をお受けください。』そして、ひざまずいて大声で叫んだ。『主よ、この罪を彼らに負わせないでください。』こう言って、彼は眠りについた」　　　　　（使徒の働き7:54-60、ステパノの祈りによってサウロが救われる）

8) 神が直接的に呼ぶ伝道

「ところが、サウロが道を進んでダマスコの近くまで来たとき、突然、天からの光が彼の周りを照らした。彼は地に倒れて、自分に語りかける声を

聞いた。『サウロ、サウロ、なぜわたしを迫害するのか。』彼が『主よ、あなたはどなたですか』と言うと、答えがあった。『わたしは、あなたが迫害しているイエスである。立ち上がって、町に入りなさい。そうすれば、あなたがしなければならないことが告げられる』」

(使徒の働き9:3-6、主が直接にサウロを呼ぶ)

9) 子ども伝道

「そのとき、イエスはこう言われた。『天地の主であられる父よ、あなたをほめたたえます。あなたはこれらのことを、知恵ある者や賢い者には隠して、幼子たちに現してくださいました。そうです、父よ、これはみこころにかなったことでした』」

(マタイの福音書11:25-26)

10) 家を開く伝道

「それで、私はすぐにあなたのところに人を送ったのです。ようこそおいでくださいました。今、私たちはみな、主があなたにお命じになったすべてのことを伺おうとして、神の御前に出ております」　(使徒の働き10:33)

「アジアの諸教会がよろしくと言っています。アキラとプリスカ、また彼らの家にある教会が、主にあって心から、あなたがたによろしくと言っています」

(コリント人への手紙第一16:19)

「キリスト・イエスにある私の同労者、プリスカとアキラによろしく伝えてください。二人は、私のいのちを救うために自分のいのちを危険にさらしてくれました。彼らには、私だけでなく、異邦人のすべての教会も感謝しています。また彼らの家の教会によろしく伝えてください。キリストに献げられたアジアの初穂である、私の愛するエパイネトによろしく」

(ローマ人への手紙16:3-5)

「どうか、ラオディキアの兄弟たちに、またニンパと彼女の家にある教会に、よろしく伝えてください」　(コロサイ人への手紙4:15)

「姉妹アッピア、私たちの戦友アルキポ、ならびに、あなたの家にある教会へ」

(ピレモンへの手紙2節)

11) 牢屋伝道

「彼女の主人たちは、金儲けする望みがなくなったのを見て、パウロとシラスを捕らえ、広場の役人たちのところに引き立てて行った。そして、二人を長官たちの前に引き出して言った。『この者たちはユダヤ人で、私たちの町をかき乱し、ローマ人である私たちが、受け入れることも行うことも許されていない風習を宣伝しております。』群衆も二人に反対して立ったので、長官たちは、彼らの衣をはぎ取ってむちで打つように命じた。そして何度もむちで打たせてから二人を牢に入れ、看守に厳重に見張るように命じた。この命令を受けた看守は、二人を奥の牢に入れ、足には木の足かせをはめた。真夜中ごろ、パウロとシラスは祈りつつ、神を賛美する歌を歌っていた。ほかの囚人たちはそれに聞き入っていた。すると突然、大きな地震が起こり、牢獄の土台が揺れ動き、たちまち扉が全部開いて、すべての囚人の鎖が外れてしまった。目を覚ました看守は、牢の扉が開いているのを見て、囚人たちが逃げてしまったものと思い、剣を抜いて自殺しようとした。パウロは大声で『自害してはいけない。私たちはみなここにいる』と叫んだ。看守は明かりを求めてから、牢の中に駆け込み、震えながらパウロとシラスの前にひれ伏した。そして二人を外に連れ出して、『先生方。救われるためには、何をしなければなりませんか』と言った。二人は言った。『主イエスを信じなさい。そうすれば、あなたもあなたの家族も救われます。』そして、彼と彼の家にいる者全員に、主のことばを語った。看守はその夜、時を移さず二人を引き取り、打ち傷を洗った。そして、彼とその家の者全員が、すぐにバプテスマを受けた。それから二人を家に案内して、食事のもてなしをし、神を信じたことを全家族とともに心から喜んだ」（使徒の働き16:19-34、パウロとシラスによるピリピの牢での伝道）

12) 宴会に招く伝道

「ある人が盛大な宴会を催し、大勢の人を招いた。宴会の時刻になったのでしもべを遣わし、招いていた人たちに、『さあ、おいでください。もう用意ができましたから』と言った。ところが、みな同じように断り始めた。

最初の人はこう言った。『畑を買ったので、見に行かなければなりません。どうか、ご容赦ください。』別の人はこう言った。『五くびきの牛を買ったので、それを試しに行くところです。どうか、ご容赦ください。』また、別の人はこう言った。『結婚したので、行くことができません。』しもべは帰って来て、このことを主人に報告した。すると、家の主人は怒って、そのしもべに言った。『急いで町の大通りや路地に出て行って、貧しい人たち、からだの不自由な人たち、目の見えない人たち、足の不自由な人たちをここに連れて来なさい。』しもべは言った。『ご主人様、お命じになったとおりにいたしました。でも、まだ席があります。』すると主人はしもべに言った。『街道や垣根のところに出て行き、無理にでも人々を連れて来て、私の家をいっぱいにしなさい。言っておくが、あの招待されていた人たちの中で、私の食事を味わう者は一人もいません』」

(ルカの福音書14:16-24)

13) 放送、電波、インターネット伝道

「まことに、まことに、あなたがたに言います。わたしを信じる者は、わたしが行うわざを行い、さらに大きなわざを行います。わたしが父のもとに行くからです」

(ヨハネの福音書14:12)

3. 伝道実践

　福音を宣べ伝えるためにこの世に来られたイエス・キリストは、弟子たちを教え、訓練して、彼らを伝道実践のために世に遣わされました。これが教会の大切な使命です。キリスト者一人一人が福音を宣べ伝えるために伝道訓練を受けるだけではなく、この世に出て行ってその訓練を人々に実践することが大切です。伝道訓練は実践のために必要なものです。伝道訓練を受けても実践するためには人々に仕える姿勢が必要です。時間とお金の犠牲も必要です。絶えず努力しなければ伝道の実践は難しくなります。キリスト者が伝道実践のために基本的に覚えるべき生き方が三つあります。

第13課　伝道訓練と伝道実践

1) 伝道は決心である

　キリスト者が福音を宣べ伝えるためには、まず伝道に対する否定的な考えを捨て、主のために伝道したいという決心と覚悟が必要です。人の行動は考えから出てくるので、考えを変えない限り行動は変わらないでしょう。キリスト者が有能な伝道者になるためには、「伝道は難しい」、「私には伝道の賜物がない」という否定的な考えを変え、「私にもできる」、「やってみよう」という肯定的な考えを持つことが大切です。この考えを持つためには、決心が必要でしょう。

2) 伝道は実践である

　伝道訓練を受け、自分ができる伝道のパターンを確認したら、実践することが大切です。伝道訓練と伝道パターンより大事なことは伝道実践です。良い訓練を受け、良い方法を知っていても、実践しなければ何の役にも立たないでしょう。伝道は理論ではなく実践です。福音を宣べ伝えるために訓練を受け、忠実に実践することが福音伝道です。実践することによって福音伝道の喜びと祝福を具体的に体験するようになります。

3) 伝道は習慣である

　キリスト者が時が良くても悪くても福音を宣べ伝えるためには、伝道する習慣が必要です。習慣は急に生まれるものではありません。習慣は行動を繰り返すことによって生まれます。キリスト者が有能な伝道者になるためには伝道を習慣にしなければなりません。伝道が習慣になれば伝道に対する恐れと不安と恥ずかしさも消えていくでしょう。自分ができる伝道のパターンを探してそれが自分の習慣になるように続けて繰り返して実践してみましょう。

　「イエスはこの十二人を遣わす際、彼らにこう命じられた。『異邦人の道に行ってはいけません。また、サマリア人の町に入ってはいけません。むしろ、イスラエルの家の失われた羊たちのところに行きなさい。行って、「天の御国が近づいた」と宣べ伝えなさい。病人を癒やし、死人を生き返

らせ、ツァラアトに冒された者をきよめ、悪霊どもを追い出しなさい。あなたがたはただで受けたのですから、ただで与えなさい』」

(マタイの福音書10:5-8)

「さて、イエスが山に登り、ご自分が望む者たちを呼び寄せられると、彼らはみもとに来た。イエスは十二人を任命し、彼らを使徒と呼ばれた。それは、彼らをご自分のそばに置くため、また彼らを遣わして宣教をさせ、彼らに悪霊を追い出す権威を持たせるためであった」

(マルコの福音書3:13-15)

「その後、主は別に七十二人を指名して、ご自分が行くつもりのすべての町や場所に、先に二人ずつ遣わされた。そして彼らに言われた。『収穫は多いが、働き手が少ない。だから、収穫の主に、ご自分の収穫のために働き手を送ってくださるように祈りなさい。さあ、行きなさい。いいですか。わたしがあなたがたを遣わすのは、狼の中に子羊を送り出すようなものです』」

(ルカの福音書10:1-3)

キリスト者は、伝道実践を通して頂いた喜びと苦しみの恵みを共に分かち合う必要があります。この分かち合いによって互いに励まし合い、支え合うことができます。また、教会の中に伝道が習慣として定着するでしょう。伝道が一人一人の習慣になり、教会全体の習慣になれば、その教会には人々が救われる霊的な喜びが大きくなっていくでしょう。

結　　論

福音を人々に宣べ伝える伝道は、キリスト者が救い主である主イエス・キリストから頂いた尊い使命です。キリスト者はこの使命を果たすために伝道訓練を受ける必要があります。伝道が習慣になるまで実践する必要があります。有能な伝道者は何もしないでも生まれるものではなく、伝道訓練と伝道実践によって作られるものです。

訓練された伝道者は自分の力で伝道するのではなく、神の愛と聖霊の力で伝道するようになります。そのとき、伝道は重荷ではなく、神の愛を実践する喜

びとなります。自分ができる伝道のパターンを探して、それが自分の習慣になるようにしましょう。また、伝道者はどんなことよりも自分の名が天に書き記されていることを喜ぶべきです。

「さて、七十二人が喜んで帰って来て言った。『主よ。あなたの御名を用いると、悪霊どもでさえ私たちに服従します。』イエスは彼らに言われた。『サタンが稲妻のように天から落ちるのを、わたしは見ました。確かにわたしはあなたがたに、蛇やサソリを踏みつけ、敵のあらゆる力に打ち勝つ権威を授けました。ですから、あなたがたに害を加えるものは何一つありません。しかし、霊どもがあなたがたに服従することを喜ぶのではなく、あなたがたの名が天に書き記されていることを喜びなさい』」

(ルカの福音書10:17-20)

あとがき
　——being（生き方）の福音伝道を求めて——

　神の導きとあわれみの中でこの本が出版されたことを心から感謝し、すべての栄光を神に帰します。
　この本は、新型コロナウィルスのパンデミックによって教会の伝道活動が厳しくなった状況の中でまとめられたものです。伝道活動は一時的・部分的に休止させるべきなのか。コロナ禍の状況でもできる伝道活動は何だろう。私はその答えを探すために、自分なりに悩みながら主の御前で祈りました。そのとき、心に次のみことばが浮かんできました。

　「みことばを宣べ伝えなさい。時が良くても悪くてもしっかりやりなさい。忍耐の限りを尽くし、絶えず教えながら、責め、戒め、また勧めなさい」
　　　　　　　　　　　　　　　　　　　　　　（テモテへの手紙第二4:2）

　またこのみことばとともに個人伝道、生活伝道、関係伝道、家族伝道、信仰継承、家庭礼拝、伝道訓練、伝道実践、愛の伝道などの言葉も浮かんできました。私はこの言葉を考えながら聖書が教えている福音伝道について教材を備え、伝道する教会形成のためにその内容を聖徒たちと共に学ぶことを心に定めました。この悟りと環境の中でこの教材ができました。
　コロナ時代の特徴の一つは制限です。特に、教会の伝道活動にも多くの制限があります。制限があっても、放棄してはならないのが福音伝道です。福音伝道は教会のかしらである主の命令であり、教会の大切な使命だからです。多くの制限の中でも主が喜ばれる福音伝道、人々に愛される福音伝道をするために何よりも重要なことは、聖徒たちの生き方（being）、心構えだと考えます。
　私が福音伝道のために深く悟った、聖徒たちが持つべき生き方（being）、心構えは次のとおりです。「福音伝道はビジネスではなく生き方（being）である。福音伝道は人気ではなく真実である。福音伝道は誉れではなく謙遜である。福

音伝道は私ではなく私たち（team）である。福音伝道は支配ではなく仕えることである。福音伝道は私の意思ではなくみことばに対する従順である。福音伝道は私の働きではなく主の働きである。福音伝道はお金ではなく祈りである。福音伝道は熱心ではなく献身である。福音伝道は条件ではなく無条件（love）である。福音伝道は気分ではなく使命（mission）である」

　このような生き方（being）、心構えが自分のものになれば、どんな状況でも放棄しないで福音を宣べ伝える道は開かれるでしょう。伝道活動が制限される時代でも、聖徒たちは自分の良い生き方と心構えを通して、いつも接している家族、友人、知人、隣人に福音を宣べ伝えることができるでしょう。

　聖霊の導きと働きによって、福音伝道のためにこのような生き方（being）と心構えを慕い求める聖徒たちが諸教会で起こされるようにと祈ります。またこの本が、どんな状況に置かれても福音伝道を切に求める聖徒たちのために尊く用いられることを切に願います。

　この本の原稿を忙しい生活の中でも校正し、いつも静かに主と教会に仕えてくださる境野明子姉の尊い愛の労苦に、また、21年間、新札幌聖書教会の事務スタッフとして共に主と教会に仕え、いつも原稿をパソコンに入力してくださっている小野克芳兄の尊い愛の労苦に、またこのしもべの家族を覚え、いつも祈りをもって支えてくださる新札幌聖書教会と共同体諸教会のしもべ一人一人と、すべての聖徒一人一人の尊い愛の労苦に心から感謝します。

　私の著書『幸福な家庭生活』『愛する幸せ32章』『教える喜びと学ぶ喜び』『聖霊を知る喜び』、訳書『我が父、孫良源』を出版し、六番目の本であるこの本も出版してくださるいのちのことば社出版部にも心から感謝します。

　また、41年間主と教会に仕え、福音伝道と教会開拓のために喜怒哀楽を共に分かち合った愛する妻金美栄と四人の子どもたちと六人の孫たち、この40年間変わらない愛と祈りをもって日本宣教をお支えくださっている支援教会と聖徒たちと祈りの同労者にも心から感謝します。

2024年11月6日

朴　永基

朴　永基（パク・ヨンギ）

1957年１月14日生まれ。
韓国の高麗神学大学院と日本の東京基督神学校で学ぶ。
韓国の金海徳村教会で６年間牧会しながら韓国外港宣教会釜山市部宣教総務として３年間奉仕する。1985年２月７日、高神総会世界宣教会（ＫＰＭ）から日本宣教ために派遣される。東京で８年６ヶ月間働きながら足立愛の教会と、枝川愛の教会開拓。1993年10月に日本同盟基督教団から北海道での教会開拓のために派遣される。北海道で新札幌聖書教会を開拓して、その教会通して６の教会が生まれた。
著書：『幸福な家庭生活』『教える喜びと学ぶ喜び』『愛する幸せ32章』『聖霊を知る喜び』
訳書：『わが父、孫養源』
社会奉仕：北海道ＹＭＣＡ理事（現）。日本同盟基督教団理事、ＫＰＭ本部長、札幌南徳洲会病院理事を歴任。大蔵省税関研修所で３年間語学講師を務める。
日々の生活：祈りと聖書朗読と賛美、愛することを大事にしている
　　　　　　宣教はＢＥＩＮＧである

聖書 新改訳2017ⓒ2017 新日本聖書刊行会 許諾番号 4-1015-1

福音伝道の喜び
―― みことばから学ぶキリスト者の使命

2025年1月20日発行

著　者　朴永基
印刷製本　モリモト印刷株式会社
発　行　いのちのことば社
〒164-0001 東京都中野区中野2-1-5
電話 03-5341-6923（編集）
　　 03-5341-6920（営業）
FAX 03-5341-6921
e-mail:support@wlpm.or.jp
http://www.wlpm.or.jp/

新刊情報はこちら

ⓒ Park Youngee 2025　Printed in Japan
乱丁落丁はお取り替えします
ISBN978-4-264-04537-3